Übersicht über wichtige Stellen im Buch, auf die Sie vielleicht öfter zurückkommen wollen

Die fünf Prinzipien

Über den Umgang mit Wandel und Homöostase

Energie für die Meisterschaft

W0322327

Fallen entlang des Weges

Praktische Übungen

Der längere Atem

George Leonard

Der längere Atem

Die fünf Prinzipien für langfristigen Erfolg im Leben

Mit einem Vorwort von Vera F. Birkenbihl

Aus dem Englischen
von Manfred Miethe

INTEGRAL

John und Julia Poppy gewidmet

Die Originalausgabe erschien 1991 unter dem Titel
«Mastery. The Keys to Success and Long-Term Fulfillment»
bei Sterling Lord Literistic Inc., New York.

Erweiterte und überarbeitete Neuausgabe 1998
Copyright © 1991 by George Leonard
Alle deutschsprachigen Rechte beim Scherz Verlag, Bern,
München, Wien, für den Integral Verlag
Alle Rechte der Verbreitung, auch durch Funk, Fernsehen,
fotomechanische Wiedergabe, Tonträger jeder Art und
auszugsweisen Nachdruck, sind vorbehalten.
Einbandgestaltung: Zembsch' Werkstatt, München

Inhalt

Vorwort

Thorwald Dethlefsen wies einmal auf einen faszinierenden Zusammenhang hin: Je oberflächlicher wir Menschen betrachten, desto klarer sehen wir *Unterschiede* (zum Beispiel im Körperbau, in der Größe, in Haar- und Hautfarbe, in den Gesichtszügen usw.). Je *tiefer* unsere Analyse jedoch geht, desto mehr überwiegen die Gemeinsamkeiten. So ähneln sich unsere Organe bereits weit mehr als unser Äußeres. Auf der Ebene der Zellen werden wir einander noch ähnlicher, und beim Vergleich unserer Moleküle gibt es keine Unterschiede mehr.

Ähnlich sieht es aus, wenn wir über wichtige Fragen des Lebens nachdenken: Oberflächlich betrachtet, scheinen die Menschen völlig unterschiedliche Ziele zu haben. So können sich zum Beispiel Berufswünsche sehr unterscheiden: vielleicht möchte der eine ein Tennis-Profi, der nächste ein Super-Verkäufer und der dritte ein Multi-Media-Experte werden, während wieder andere «private» Ziele wichtiger finden. Deshalb gibt es Selbsthilfe-Bücher für viele spezielle Themen und Lebensbereiche. Aber die meisten bleiben an der Oberfläche, wenn sie die darunterliegenden Grundgesetze *jedes* Weges zur Meisterschaft nicht berücksichtigen. In diesem Sinn ist *Der längere Atem* von George Leonard ein sehr «tiefes» Buch, das jeden Menschen anspricht. Und das Faszinierende an «tiefen» Gedanken ist das Paradox, daß sie uns «leicht» ansprechen, eben weil sie in jedem von uns etwas zum Klingen bringen und weil in der Tiefe die Gemeinsamkeiten überwiegen.

So haben wir alle einen angeborenen Drang, uns zu verbessern, zu wachsen, zu lernen. Bei Kindern ist dies noch offensichtlich, aber je älter wir werden, desto mehr wird dieser «tiefe» Wunsch durch oberflächliche Teilziele überdeckt. Dabei haben manche Menschen so viele «Kleinigkeiten» angehäuft, daß sie regelrecht «graben» müssen, um diese Faszination an lebenslangem Lernen und lebenslangem Wachstum wiederzufinden. Wenn ihnen dies jedoch gelingt, dann merken sie sehr schnell: Diese «Arbeit» an uns selbst bietet uns die größten Befriedigungen unseres Lebens. Sie, liebe Leserinnen und Leser, wissen das, sonst würden Sie diese Zeilen jetzt nicht lesen.

Wenn wir also bereit sind, den Weg persönlichen Wachstums zu gehen, wenn wir unser Potential entwickeln wollen, dann könnten uns zwei Gedanken helfen:

1. «Ent-Wicklung» bedeutet, das «herauszuwickeln», was sich bereits in unserem Inneren befindet. Je weiter unsere Entwicklung also fortschreitet, desto mehr Aspekte von uns «finden» wir auf diesem Weg; deshalb ist jeder Weg zur Meisterschaft immer auch ein Weg der Selbstfindung.
2. Manchmal fallen uns Lernprozesse schwerer, manchmal leichter. Wenn man etwas über die Hintergründe weiß, dann kann man strategisch klug vorgehen und sich den Weg erleichtern. Deshalb möchte ich Sie einladen, kurz über Lernprozesse im allgemeinen nachzudenken.

Neuere Forschungsergebnisse haben gezeigt, daß einige der Vorstellungen, die wir über Verhaltens-Lernprozesse hegen, ziemlich falsch sind.

Wie, glauben Sie, *entwickelt sich eine Lernkurve* (von Null bis Perfektion)? Wie könnte die Lernkurve aussehen, die – einen längeren Zeitraum umspannend – den Weg zur Meisterschaft beschreibt?

Die meisten meiner Seminarteilnehmer zeichnen eine Art von «Hügel», teils eher sanft, teils eher steil ansteigend, z. B. so:

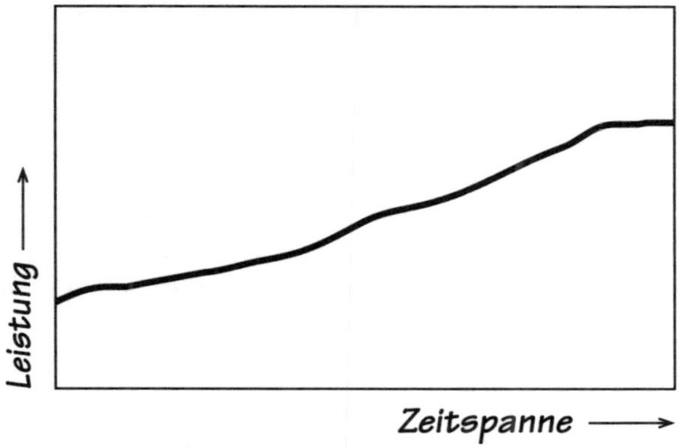

Tatsache aber ist, daß Lernprozesse bei Anhäufung von *Wissen* (Daten, Fakten, Informationen) völlig anders verlaufen als Lernprozesse von *Verhalten.* Wissen wird durch *Lernen* erworben, Verhaltensweisen hingegen durch *Training!* Demzufolge unterscheidet sich die Lernkurve für Wissen von der Kurve, die den Weg zur Meisterschaft beim Erlernen eines bestimmten Verhaltens kennzeichnet.

Die jahrzehntelangen Praxiserfahrungen Leonards decken sich hervorragend mit neueren Ergebnissen aus der Gehirnforschung. Lassen Sie mich diese anhand einer einfachen Metapher an-SCHAU-lich machen. Alle Arten von Lernprozessen gehen immer mit sogenannten bevorzugten Nervenbahnen im Gehirn einher. Diese können wir uns wie *Datenautobahnen im Kopf* vorstellen. Wenn Sie mit einem neuen Wissensgebiet oder einem für Sie noch neuen Verhalten ganz von vorne beginnen, dann «hacken» Sie quasi einen ersten Trampelpfad ins «Dickicht» dieser noch unerschlossenen Region. Begehen Sie diesen Weg öfter, dann wird der Pfad langsam fester; Sie müssen sich weniger anstrengen und eines Tages fahren Sie zum ersten Mal glatt und mühelos auf Ihrer «Datenautobahn» von A nach B.

Stellen Sie sich einfach vor, in Ihrem Gehirn säßen Abertausende von kleinen Mitarbeitern, die den Wegrand Ihres neuen Pfades säumen – wie die Helfer bei einem Marathonlauf. Und ebenso wie diese den Läufern Wasserflaschen, Schwämme und andere Hilfsmittel anbieten, sind Ihre Helfer im Gehirn damit befaßt, sämtliche auf dem Weg liegenden Hindernisse (Steine, Äste usw.) vor jedem Ihrer Schritte wegzuräumen. Dabei merken diese Helfer sich ganz genau, wo Sie «hintreten», und wissen bald, wenn Sie fleißig üben, daß Sie auch in Zukunft dort «hinzutreten» wünschen werden, und eines Tages klappt es dann zum ersten Mal phänomenal. Jetzt wissen die Helfer exakt, an welchen Stellen Sie die Kurve etwas knapper nehmen bzw. welche Wegstellen rechtzeitig von kleinen Unebenheiten befreit werden müssen. Das ist der unerwartete «große Sprung».

Wenn Sie nun glauben, ab jetzt müsse es immer so «laufen», dann wissen Sie noch nicht, daß alle bisherigen «Marathonläufe» nur Probeläufe waren. Bis ihre Helfer genau wissen, welche Probleme (intern) wie gelöst sein müssen, ist jeder Lauf «nur» ein weiterer Test; wir sprechen bezeichnenderweise von *Trainingsläufen* – unabhängig davon, was jemand gerade trainiert (von der Beherrschung eines Musikinstrumentes über sämtliche Sportarten bis hin zu der Fähigkeit, Fisch extrem schnell in hauchdünne Scheibchen zu schneiden, was z. B. ein guter japanischer Koch beherrschen muß)!

Bis zum Leistungssprung machen Sie also «Trainingsläufe», der Leistungssprung selbst ist die große *Generalprobe.* Ab jetzt beginnen die Helfer, den schon relativ ausgetretenen Pfad zu asphaltieren. Dabei teilen sie ihre Arbeitskräfte: Ein Teil rast weiterhin vor Ihnen her und «bereitet den Weg», während ein anderer Teil die befestigte Straße baut. Durch die «Baustellentätigkeit» kommt es zwangsläufig zu Staus, und Sie haben weniger Kapazität für die Ausführung Ihrer Tätigkeit (geringer Leistungsabfall nach Leistungssprung), aber trotzdem «läuft es» jetzt um einiges glatter als vor der Generalprobe (das heißt, vor dem Leistungssprung, der die Entscheidung zum Bau einer «richtigen Straße» auslöste). Nun gilt folgende «Spielregel»: Solange diese Straße im Bau ist, «laufen» Sie auf dem Lern-Plateau! Deshalb betont George Leonard die Wichtigkeit des Plateaus.

Stellt es doch gerade den Zeitabschnitt dar, in dem die derzeitige «Wegstrecke» zu einer regelrechten «Datenautobahn im Gehirn» ausgebaut wird! Früher konnten solche Plateaus die Lernenden frustrieren (oder zum Aufgeben veranlassen), weil sie vielleicht meinten, nun «ginge überhaupt nichts mehr vorwärts». Heute aber wissen wir, daß jedes Lern-Plateau der Beweis dafür ist, daß Lernen stattfindet!

Mehr faszinierende Details zur Lernkurve für das Training wird Ihnen von George Leonard auf seine unnachahmliche Art im ersten Kapitel verraten. Ich möchte Ihnen jedoch kurz andeuten, wie die Lernkurve bei der Aneignung von Wissen aussieht, weil diese völlig anders verläuft. Dabei möchte ich Ihnen noch eine Metapher anbieten: Bitte stellen Sie sich ein gigantisches Netz vor – dieses symbolisiert Ihr Wissensnetz im Kopf. Das heißt: Jedes «bit» an Informationen, das Sie je gelernt haben, ist ein «Faden» in diesem Netz (und repräsentiert eine bevorzugte Nervenbahn im Gehirn).

Und nun stellen Sie sich vor, eine neue Information kommt auf Ihr Wissensnetz «zugeflogen»:

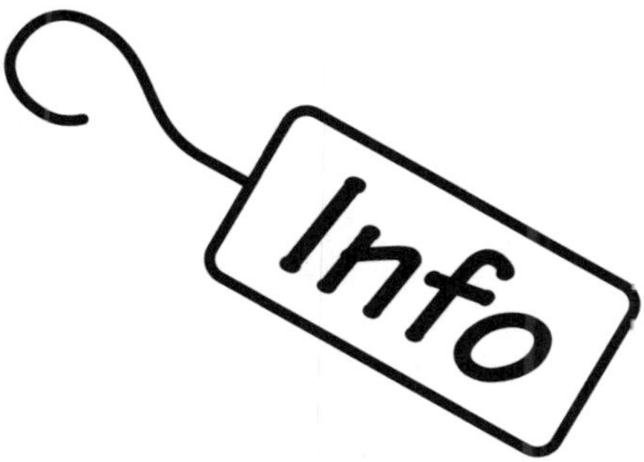

Vorne «trägt» sie einen eingebauten Widerhaken, und nun passiert folgendes: Wenn Sie zu dieser neuen Information bereits «passende Fäden» im Netz haben, dann wird die neue Info von diesen wie magnetisch angezogen. Sie «saust» dorthin und «hakt» sich vollautomatisch ein! Dann können wir sagen: Einmal wahrgenommen (gehört, gelesen) und begriffen = gemerkt!

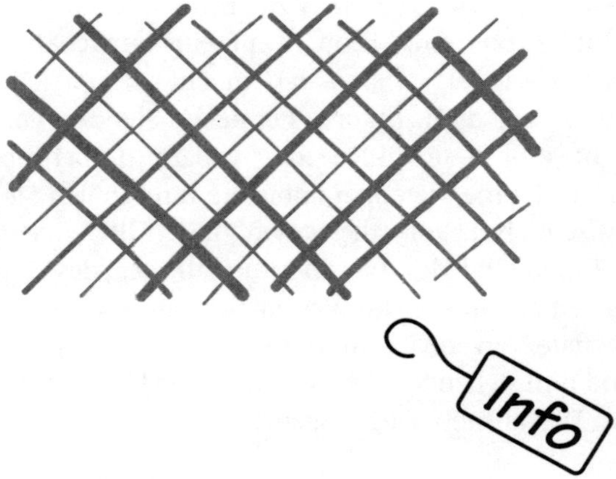

Es ist also keine zusätzliche «Gedächtnisleistung» Ihrerseits nötig, um die neue Information in Ihrem Gedächtnis zu «plazieren».

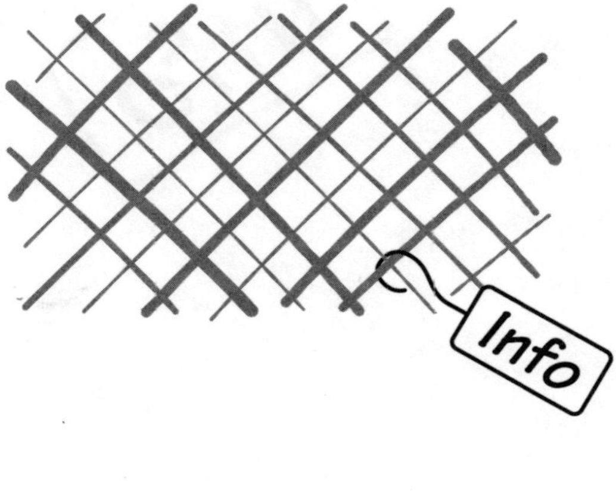

Anders sieht es aus, wenn die neue Information auf ein «Loch» im Netz «stößt», weil es noch nichts «Passendes» gibt: Dann segelt sie durch das «Loch» hindurch, um auf Nimmerwiedersehen zu verschwinden. Dann haben Sie den Eindruck, Lernen sei «schwierig». Aber der Schwierigkeitsgrad ist abhängig von der Tatsache, ob Sie zu dieser Information bereits Fäden im Netz besaßen, ehe Sie sie gehört oder gelesen haben! Demzufolge sind manche Arten von Informationen *für Sie* «schwerer» oder «leichter». In der Vergangenheit hat man angenommen, die Information selbst sei «schwer» oder «leicht», aber inzwischen wissen wir: Wenn es bereits bevorzugte Nervenbahnen gibt, an welche die neue Information «andocken» kann, dann ist es leicht, unabhängig vom *Inhalt* dieser Information.

Drei Beispiele:

a) Für einen Chinesen ist eine neues Schriftzeichen um so leichter zu lernen, je mehr ähnliche er bereits kennt. Dasselbe gilt für jeden Deutschen, der chinesisch lernt!

b) Für jemanden, der bereits einige Bücher über die Psychologie von Erfolg und Versagen gelesen hat, ist jedes weitere Buch zu diesem Thema «leicht»; wenn so ein Buch jedoch Ihr erstes Erfolgsbuch ist, werden viele Informationen noch durch «Löcher» in Ihrem Wissensnetz hindurchsegeln, und es wird Ihnen so manches etwas «spanisch» vorkommen. (Spanisch ist nur für Nicht-Spanier schwer!)

c) Wenn Sie die Addition beherrschen, fällt Ihnen die Multiplikation leicht (denn sie stellt genaugenommen die verkürzte Version einer Kettenaddition dar). Fehlen aber die Additions-Fäden im Netz, ist eine Multiplikation «nicht zu begreifen» . . .

Im Klartext: Wenn Ihnen irgendeine Information «kompliziert» vorkommt, dann nur, weil Sie hierzu noch keine Fäden im Netz haben. Also gilt die alte Regel: «Aller Anfang ist schwer.» Jeder Anfang bedeutet, daß *erste* neue Fäden am Rand des Netzes geknüpft werden müssen, und das ist mit gewissen Anstrengungen verbunden, weil hier noch nicht einmal ein

«Trampelpfad» besteht. Andererseits ist es sehr leicht, weitere Detailfäden in existierende Netzmaschen «einzuhäkeln», weil diese ja an den bereits existierenden Fäden befestigt werden. Oder anders ausgedrückt: Wenn bereits eine Datenautobahn oder zumindest ein halbwegs entwickelter «Trampelpfad» existiert, ist es leicht, kleine Details am Wegrand «abzustellen». Fehlt jedoch noch der Wegesrand (weil der Weg fehlt), dann müßte man die Informationen im «Nichts» plazieren, und eben das ist neurophysiologisch unmöglich.

Also sieht die Lernkurve für Wissen wie folgt aus: Je mehr wir (zu einem bestimmten Thema) bereits wissen, desto leichter können wir neue Informationen «verarbeiten», desto «steiler» ist die Lernkurve, wobei wir für jedes Thema eine eigene Lernkurve anlegen müssen. Alle diese Wissens-Kurven aber sehen identisch aus; sie sind alle exponentiell:

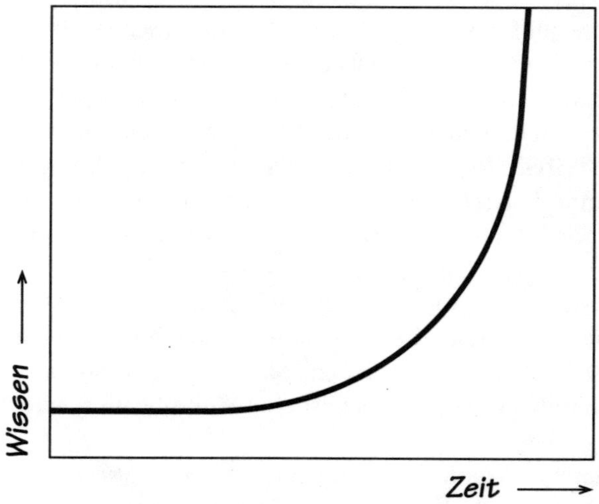

Wenn Sie also in Zukunft neues Wissen lernen wollen, und Sie haben Probleme, etwas zu verstehen, dann wechseln Sie den Autor! Angenommen, Autor A wendet sich (vielleicht unbewußt) an Leute, die schon bestimmte Fäden im Netz haben, dann ist dieser Autor so lange «schwer verständlich», wie diese Fäden in Ihrem Wissensnetz noch nicht existieren. Statt also denselben Text immer wieder zu lesen (oder zu glauben, Sie seien zu «dumm» für dieses Thema), suchen Sie sich andere Autoren. Es kann sein, daß diese mehr Fäden in Ihrem Netz «erwischen», so daß Sie den ersten Autor später mit Gewinn zur Hand nehmen können.

Ähnliches gilt für mündlich übermittelte Botschaften. Wenn Sie eine/n Lehrer/in oder eine/n Chef/in nicht verstehen, sprechen Sie mit möglichst vielen anderen Menschen über das Thema (statt es zu meiden!). Der eine oder andere Gesprächspartner wird Formulierungen verwenden, die in Ihrem Netz ein Plätzchen finden, und bald beginnen Sie zu spüren, daß Sie eine erste «Ahnung» von einem Thema haben. Ab jetzt können erste neue Fäden (ins Nichts) leicht «angebaut» werden, weil Sie ja mit dem einen «Ende» am Netz «hängen». Und wenn Sie dann einige Tage später wieder mit den Personen sprechen, die Ihnen zunächst «unverständlich» vorgekommen waren, werden Sie feststellen, daß Sie bereits weit mehr verstehen als beim ersten Versuch!

Diese Gedanken können Ihnen helfen, wenn Sie wieder einmal auf «Sender» stoßen, deren Erklärung Ihnen zunächst «nichts sagt». Allerdings gibt es «Sender», die es verstehen, ihre Botschaft so einfach zu «verpacken», daß die *meisten* Menschen in ihrem Wissensnetz Fäden dazu finden. Das ist die hohe Kunst der Informationsvermittlung: einen «kleinen gemeinsamen Nenner» aller Netzbesitzer voraussetzen, ohne die neuen Gedanken unzulässig zu vereinfachen. Und George Leonard ist einer jener seltenen Autoren, dessen «einfache» Darstellung viele Stellen in Ihrem Netz «ansprechen» wird. Das meinen wir, wenn wir von jemandem sagen, sein Stil sei «ansprechend» oder seine Botschaft «spreche uns an».

Liebe Leserinnen, liebe Leser, Sie halten ein solches Buch in Ihren Händen!

George Leonard ist ein begnadeter Lehrer, der Ihnen erstaunliche Ein-Sichten in Ihr Leben, d.h. in Ihren «ganz normalen» Alltag bietet. Seine verblüffenden Erkenntnisse über die Meisterschaft des Alltäglichen leuchten sofort ein, und seine praktischen Anregungen sind ebenfalls sofort nachvollziehbar. Somit kann George Leonard Ihnen ein exzellenter Reisebegleiter werden, den Sie immer wieder «befragen» wollen. Dabei werden Sie sicherlich auch seine wunderbare Sprache, die hervorragend ins Deutsche übertragen wurde, genießen. Ich möchte Ihnen einen Gedanken des Übersetzers, Manfred Miethe, aus dem Vorwort zur ersten Auflage anbieten:

> Untersuchungen haben gezeigt, daß Spitzensportler, überragende Künstler und erfolgreiche Manager und Politiker etwas gemein haben: Wenn sie gescheitert sind, versuchen sie es noch einmal; wenn andere schon aufgegeben haben, machen sie unbeirrt weiter; wenn anderen längst die Luft ausgegangen ist, haben sie den längeren Atem. Dieser längere Atem ist aber nicht angeboren, er ist nicht das Privileg einer kleinen Elite, sondern kann von jedem von uns kultiviert werden. Wem das gelingt, dessen Möglichkeiten sind tatsächlich unbegrenzt...

Erfahrungsgemäß bezweifeln viele Menschen, daß auch sie jenen «längeren Atem» entwickeln könnten, weil unser Erziehungs- und Ausbildungssystem uns glauben machte: Manche Menschen haben «es» eben, andere nicht. Nun ist aber gerade die Sorge, man selbst würde wohl nicht zu den «Auserwählten» gehören, die Garantie für «Kurzatmigkeit» im Leben.

George Leonard hat Abertausenden von Menschen geholfen, ihr «Programm» zu hinterfragen und den längeren Atem zu entwicklen. «Entwicklung» aber bedeutet (wie eingangs erwähnt): das «heraus-wickeln», was vorher bereits enthalten war! Und genau hier liegt der Ansatz Leonards: Er hilft Ihnen, die besten Aspekte Ihrer Persönlichkeit zu «finden» und Schritt für Schritt zu entfalten. Dabei entwickeln Sie (fast nebenbei) den «längeren Atem».

In George Leonard begegnen Sie einem ebenso praktischen wie spirituellen Führer, der Ihnen klar und präzise erklärt, warum auch Sie den längeren Atem entwickeln können, und der Ihnen mit Hilfe der von ihm entwickelten LET-Übungen (ab Seite 136) den Weg zeigt.

Ich wünsche Ihnen eine wunderbare Entwicklung auf diesem Weg. Lassen Sie sich von diesem außergewöhnlichen Buch informieren, motivieren und inspirieren!

Vera F. Birkenbihl

TEIL 1

Der Weg des Meisters

Einführung

Beginnen wir mit etwas Einfachem: Versuchen Sie, mit der Hand Ihre Stirn zu berühren.

Nun, das war einfach, oder? Das ging wie von selbst. Jeder kann das. Und doch lag die Ausführung dieser einfachen Geste für Sie einst in so unerreichbar weiter Ferne wie der Vortrag einer Beethoven-Sonate für jemanden, der nicht Klavier spielen kann.

Als erstes mußten Sie lernen, die Bewegung Ihrer Hände zu kontrollieren (damals waren Sie ja noch ein Baby) und diese irgendwie dazu zu bringen, sich dorthin zu bewegen, wo Sie sie hinhaben wollten. Sie mußten eine Art kinästhetische Vorstellung Ihres Körpers entwickeln, um die Relation zwischen Ihrer Stirn und den anderen Teilen Ihres Körpers erkennen zu können. Sie mußten lernen, diese Vorstellung Ihrer selbst auf den visuellen Eindruck eines erwachsenen Körpers abzustimmen und die Bewegungen Ihrer Mutter nachzuahmen. Verstehen Sie mich richtig – all das waren Dinge von großer Tragweite. Und denken Sie nur einmal an die Sprache – Sie haben gelernt, die Bedeutung von Lauten, aus denen Worte gebildet werden, zu entschlüsseln und mit Ihren eigenen Handlungen in Verbindung zu bringen.

Erst dann konnten Sie an der Art von spielerischem Lernen teilnehmen, das Eltern überall auf der Welt mit ihren Kindern spielen: «Wo ist deine Nase? Wo sind deine Ohren? Wo ist deine Stirn?» Wie jeder andere entscheidende Lernprozeß verlief auch dieser nicht in einer geraden Linie, sondern eher in Stufen, in kurzen Phasen des Fortschritts, zwischen denen Zeiten lagen, in denen Sie sich anscheinend nicht weiterentwickelten.

Doch Sie hatten eine grundlegende Fertigkeit erlernt. Und was noch wichtiger ist, Sie hatten etwas über das Lernen gelernt. Sie begannen mit etwas Schwierigem und verwandelten es mit Hilfe von Unterweisung und Übung in etwas Einfaches und Angenehmes. Sie begaben sich auf den Weg des Meisters. Wenn Sie lernen konnten, Ihre Stirn zu berühren, werden Sie auch lernen können, eine Beethoven-Sonate zu spielen oder ein Düsenflugzeug zu fliegen, ein erfolgreicherer Manager zu sein oder Ihre Beziehungen zu verbessern. Unsere gegenwärtige Gesellschaft versucht uns auf vielerlei Wegen in die Irre zu führen, aber der Weg des Meisters steht uns immer offen – er wartet auf uns.

1
Was ist Meisterschaft?

Meisterschaft entzieht sich einer genauen Definition, und doch kann sie leicht erkannt werden. Sie hat viele Ausdrucksformen und folgt doch bestimmten unveränderlichen Gesetzen. Sie bringt zwar vielfältige Belohnungen mit sich, ist aber eigentlich weder Ziel noch Zweck, sondern eher ein Prozeß. Wir bezeichnen diesen Prozeß als *Weg des Meisters* und gehen gemeinhin davon aus, daß man dafür ein bestimmtes Wegegeld bezahlen muß, das nur die Menschen aufbringen können, die mit außergewöhnlichen Fähigkeiten geboren wurden. Doch der Weg des Meisters ist nicht für Wunderkinder oder diejenigen reserviert, die das Glück hatten, sich früh auf den Weg zu machen. Er ist für jeden Menschen begehbar, der bereit dazu ist, sich auf den Weg zu machen und auf ihm zu bleiben – unabhängig vom Alter, Geschlecht oder von der bisherigen Erfahrung.

Ein Problem liegt darin, daß wir nur wenige oder keine Landkarten haben, die uns auf diesem Weg begleiten oder uns auch nur zeigen könnten, wie wir ihn finden. Fast könnte man die moderne Welt als gewaltige Verschwörung gegen den Weg des Meisters ansehen. Ständig werden wir mit den Versprechungen einer sofortigen Befriedigung, des unmittelbaren Erfolgs oder der direkten Schmerzlinderung überschüttet, die uns alle in genau die falsche Richtung führen. In einem späteren Abschnitt werden wir uns diese Mentalität anschauen, die gegen den Weg des Meisters gerichtet ist und unsere Gesellschaft durchdringt, und werden erkennen, daß sie uns nicht nur davon abhält, unser Potential zu entfalten, sondern daß sie auch unsere Gesundheit und Erziehung, unsere Karrieren, Beziehungen und wahrscheinlich sogar unsere ökonomische

Überlebensfähigkeit als Nation bedroht. Doch zuerst möchte ich den Weg des Meisters selbst untersuchen.

Der Weg des Meisters beginnt immer dann, wenn Sie sich entschließen, eine neue Fertigkeit zu meistern – Schreibmaschine schreiben oder Kochen zu lernen, Rechtsanwalt, Arzt oder Buchhalter zu werden. Ganz besonders deutlich zeigt sich dieser Weg auf dem Gebiet des Sports, nimmt dort eine Qualität an, die der Poesie oder dem Drama ähnelt, wo Muskeln, Verstand und Geist sich in anmutigen und bewußt ausgeführten Bewegungen durch Zeit und Raum hindurch vereinen. Der Sport bietet deshalb einen so guten Ansatzpunkt für diese Erforschung, da Trainingsergebnisse im Bereich des Physischen schnell und deutlich sichtbar werden. Lassen Sie uns also eine populäre Sportart wie Tennis betrachten, um jene Prinzipien zu verstehen, die der Beherrschung jeder körperlichen oder anderen Fertigkeit zugrunde liegen.

Nehmen wir einmal an, Sie sind in ziemlich guter körperlicher Verfassung, jedoch keinesfalls ein durchtrainierter, erfahrener Sportler. Sie haben bereits Bewegungssportarten wie Volleyball oder Handball ausprobiert, die eine gute Koordination von Hand und Auge erfordern, und Sie haben ein wenig Tennis gespielt, aber nicht viel – was von Vorteil sein kann, denn wenn Sie etwas wirklich beherrschen wollen, ist es besser, bei Null anzufangen, als sich die schlechten Angewohnheiten abzugewöhnen, die sie angenommen haben, während Sie einfach so herumspielten. Nun haben Sie eine Lehrerin gefunden, eine Profispielerin, die bekannt dafür ist, daß sie den Spielern die Grundlagen beibringt, und Sie haben sich verpflichtet, mindestens dreimal in der Woche auf dem Tennisplatz zu erscheinen. Sie befinden sich auf dem Weg des Meisters.

Sie beginnen mit kleinen Schritten. Die Lehrerin zeigt Ihnen, wie Sie den Schläger halten sollen, damit er den Ball zum richtigen Zeitpunkt trifft. Sie zeigt Ihnen die korrekte Vorhandtechnik, bis Sie die Handhaltung finden, in der Ihr Handgelenk am stärksten ist. Sie steht vor Ihnen – auf derselben

Seite des Netzes – und wirft Ihnen Bälle für das Training Ihrer Vorhand zu. Nach jedem Schlag bittet sie Sie, ihr zu sagen, ob Sie Ihrer Meinung nach zu früh oder zu spät geschlagen haben. Sie zeigt Ihnen, wie Sie Schultern und Hüften mit der Armbewegung koordinieren können und wie Sie sich in die Flugbahn des Balles hineinzubewegen haben. Sie korrigiert und ermutigt Sie, doch Sie fühlen sich fürchterlich ungeschickt und unkoordiniert. Sie müssen *denken*, um die Bewegungen Ihrer einzelnen Körperteile aufeinander abzustimmen, und das Denken beeinträchtigt die Ausführung anmutiger und spontaner Bewegungen.

Sie merken, daß Sie ungeduldig werden. Sie hatten gehofft, sich ordentlich abzuarbeiten, aber bei diesen Übungen fangen Sie noch nicht einmal an zu schwitzen. Sie würden den Ball gerne über das Netz auf den dunkelgrünen Teil des Platzes fliegen sehen, doch Ihre Lehrerin meint, Sie sollten zum jetzigen Zeitpunkt noch nicht einmal daran denken. Sie sind ein Mensch, dem Resultate im allgemeinen sehr wichtig sind, und zum jetzigen Zeitpunkt scheinen Sie überhaupt nichts zu erreichen. Die Übungsstunden gehen immer so weiter: den Schläger richtig halten, erkennen, wo der Schläger mit dem Ball in Berührung kommt, Schultern, Hüften und Arm koordinieren, in den Ball hineingehen. Es scheint, daß Sie überhaupt keinen Fortschritt machen.

Dann, nach etwa fünfwöchiger Frustration, geht Ihnen plötzlich ein Licht auf. Die verschiedenen Teile des Schlages beginnen, eine Einheit zu werden. Es scheint fast so, als ob Ihre Muskeln jetzt wüßten, was sie zu tun haben – Sie brauchen nicht mehr über jede Kleinigkeit nachzudenken. Sie haben mehr Zeit, den Ball bewußt wahrzunehmen, ihm sauber mit einem Schlag zu begegnen, der niedrig beginnt und hoch ausklingt. Nun verspüren Sie das Verlangen, den Ball härter zu schlagen, sich mit anderen zu messen.

Doch eben das können Sie gleich wieder vergessen. Bis jetzt hat Ihnen Ihre Lehrerin die Bälle zugeworfen, und Sie brauchten sich nicht zu bewegen. Jetzt müssen Sie lernen, sich von einer Seite zur anderen zu bewegen, vor und zurück und diagonal, Ihren Körper in die richtige Position zu bringen und auszuholen. Wieder fühlen Sie sich schwerfällig und unkoordiniert. Zu Ihrem Entsetzen stellen Sie fest, daß Sie einiges von dem, was Sie bereits gelernt hatten, wieder verlernt haben. Dann, kurz bevor Sie alles hinschmeißen wollen, hören Sie auf, sich weiter zu verschlechtern. Aber Sie werden auch nicht besser. Tage und Wochen vergehen ohne einen sichtbaren Fortschritt. Sie befinden sich auf einem dieser verdammten Plateaus.

Für die meisten Menschen, die in unserer Gesellschaft aufgewachsen sind, kann das Plateau die Hölle sein. Es ruft verdrängte Gefühle hervor und bringt verborgene Beweggründe zum Vorschein. Ihnen wird bewußt, daß Sie nicht nur Tennis spielen wollten, um sich zu bewegen, sondern auch, um gut auszusehen, mit Ihren Freunden zu spielen, Ihre Freunde zu *besiegen*. Sie beschließen, mit Ihrer Lehrerin zu reden. Sie fragen sie, wie lange es dauern wird, bis Sie dieses Spiel endlich beherrschen werden.

Ihre Trainerin antwortet: «Möchten Sie wissen, wie lange es dauern wird, bis Sie automatisch in der richtigen Position sind und mit der Vorhand sicher ein Ziel treffen können?»

«Ja.»

Sie überlegt. Diese Frage ist jedesmal unangenehm für sie. «Nun, wenn jemand wie Sie, der als Erwachsener mit dem Tennisspielen beginnt, dreimal in der Woche eine Stunde trainiert, wird es im Durchschnitt fünf Jahre dauern.»

Fünf Jahre! Ihnen bleibt die Luft weg.

«Im Idealfall wären die Hälfte davon Trainerstunden. Aber wenn Sie besonders motiviert sind, könnte es weniger Zeit in Anspruch nehmen.»

Sie versuchen es mit einer anderen Frage. «Wie lange wird es dauern, bis ich mich mit jemandem messen kann?»

«Messen? Was meinen Sie damit?»

«Na ja, versuchen, einen Freund zu besiegen.»

«Ich würde sagen, Sie können voraussichtlich nach etwa sechs Monaten spielen. Aber Sie sollten beim Spielen nicht vorrangig ans Gewinnen denken, bevor Sie nicht Ihre Vorhand, die Rückhand und Ihren Aufschlag einigermaßen kontrollieren können. Das wird noch etwa anderthalb Jahre dauern.»

Nun sind Sie wieder auf dem Boden der Tatsachen angelangt.

Die Lehrerin redet weiter. Das Problem beim Tennis ist nicht nur, daß sich Ball und Schläger bewegen und man diesen Aspekt des Spiels beherrschen muß, sondern auch, daß man sich selbst bewegt. Und wenn Sie nicht mit einem Profi spielen, der Ihnen den Ball korrekt zuspielen kann, verbringen Sie einen Großteil der Trainingsstunden damit, Bälle aufzusammeln. Aus dem Grund sind Rückwände und Ballmaschinen nützlich, aber wenn Sie um Punkte spielen, wenn Sie einen Freund besiegen wollen, kommt es nur noch darauf an, wer aufschlägt und wer zuerst danebenschlägt. Nach drei Schlägen übers Netz wird meistens ein Punkt erzielt. Das läßt nicht viel Zeit zum Üben. Was wirklich notwendig ist, ist, Tausende von Bällen unter einigermaßen kontrollierten Bedingungen in jeder Phase des Spiels zu schlagen: Vorhand, Rückhand, Beinarbeit, Aufschlag, Spiel am Netz, Spin, Plazierung des Balles, Taktik. Da der Lernprozeß auf jeder der vorhergehenden Stufen aufbaut, können Sie keine der Stufen überspringen. Sie können an Ihrer Taktik nicht angemessen arbeiten, bis Sie nicht die Plazierung des Balles einigermaßen beherrschen. Und mit dem Erreichen einer jeden Stufe müssen Sie erneut anfangen zu denken, was bedeutet, daß vorübergehend wieder einmal alles zusammenbricht.

Ganz allmählich wird Ihnen etwas klar: Die Beherrschung dieser Sportart wird Ihnen nicht die schnellen Belohnungen bringen, die Sie sich erhofft hatten. Vor Ihnen tut sich ein scheinbar endloser Weg mit einer Vielzahl von Rückschlägen auf – und, am wichtigsten, mit viel Zeit auf dem Plateau, wo etliche Stunden eifrigen Übens Sie anscheinend überhaupt nicht voranbringen werden. In einer solchen Situation wird jemand, der sehr zielorientiert ist, nicht besonders glücklich sein.

Ihnen wird klar, daß Sie irgendwann doch eine Entscheidung treffen müssen, auch wenn Sie es nicht jetzt tun. Sie spielen mit dem Gedanken, Tennis ganz aufzugeben und sich nach einer anderen, leichter zu erlernenden Sportart umzusehen. Oder Sie strengen sich noch mehr an, bestehen auf Extrastunden und üben Tag und Nacht. Oder aber Sie geben den Unterricht auf und setzen um, was Sie bisher gelernt haben. Sie könnten damit aufhören, Ihr Spiel verbessern zu wollen, und einfach Spaß mit Ihren Freunden haben, die auch nicht viel besser spielen als Sie. Natürlich könnten Sie auch den Ratschlägen Ihrer Lehrerin folgen und auf dem langen Weg des Meisters bleiben. Wofür werden Sie sich entscheiden?

Diese Frage, dieser Augenblick der Entscheidung, kommt in unserem Leben unzählige Male auf uns zu – nicht nur beim Tennis oder in einer beliebigen anderen Sportart, sondern immer dann, wenn es ums Lernen geht, um Entwicklung oder Veränderung. Manchmal entscheiden wir uns, nachdem wir sorgfältig überlegt haben, aber häufig wird die Entscheidung vorschnell getroffen – und nur selten auf eine bewußte Weise. Verführt vom Sirenengesang der Konsumgesellschaft, die für alles Erdenkliche schnelle Lösungen bereit hat, entscheiden wir uns oft genug für etwas, das uns nur die Illusion der Vollendung schenkt, den Schatten der Befriedigung. Und in unserer Unwissenheit in bezug auf den Prozeß, der zur Meisterschaft führt, bemerken wir manchmal nicht einmal, daß uns eine Wahlmöglichkeit offensteht. Aber selbst wenn wir es versäumen, eine bewußte Entscheidung zu treffen, wirkt sich das als Entscheidung aus und hebt oder schmälert das Potential, das wir letztendlich verwirklichen.

Die Tatsachen sprechen für sich: All diejenigen von uns, die ohne schwere genetische Schäden auf die Welt gekommen sind, sind geborene Genies. Ohne jede formale Unterweisung meistern wir das Symbolsystem der Sprache, und nicht nur *einer* Sprache, sondern mehrerer. Wir können den komplexen Kode von Gesichtsausdrücken entschlüsseln – eine Leistung, die selbst den leistungsstärksten Computer lahmlegen würde. Wir können die Feinheiten emotionaler Schattierungen unterscheiden und diesen auf die eine oder andere Weise Ausdruck verleihen. Selbst ohne eine entsprechende Schulung können wir Assoziationen machen, abstrakte Kategorien erschaffen und bedeutungsvolle Rangordnungen konstruieren. Darüber hinaus können wir bisher nie dagewesene Dinge erfinden, nie zuvor gefragte Fragen stellen und Antworten suchen, die jenseits der Sterne liegen. Und im Gegensatz zu Computern können wir uns verlieben.

Das, was wir Intelligenz nennen, hat viele Formen. Howard Gardner von der Universität Harvard und der medizinischen Fakultät der Universität von Boston hat sieben davon identifiziert: linguistische, musikalische, logisch-mathematische, räumliche, körperlich-kinästhetische und zwei Formen personaler Intelligenz, die als intrapersonal und interpersonal beschrieben werden können. Zwar unterscheiden wir uns darin, in welchem Maße wir in jeder dieser sieben Formen begabt sind, aber jeder von uns ist mit einer allgemeinen, grundlegenden Fähigkeit ausgestattet, um den anscheinend so seltenen und geheimnisvollen Zustand, den wir Meisterschaft nennen, in irgendeiner Form des Denkens oder des Ausdrucks, in einem zwischenmenschlichen Bereich oder geschäftlichen Unternehmen, in einer der Künste oder einem Handwerk zu erreichen.

Das trifft auch auf den Bereich des Körperlichen zu. Einst herrschte die Meinung, daß unsere primitiven Vorfahren im Vergleich zu den Tieren des Dschungels und der Savanne ziemlich mitleiderregende Geschöpfe waren. Ohne die Reißzähne, Klauen und spezialisierten körperlichen Fähigkeiten der Raubtiere setzten sich unsere Vorfahren angeblich nur wegen ihres großen Gehirns und ihrer Fähigkeit, Werkzeuge zu benutzen, durch. Diese Mutmaßung hat die erstaunliche Fähigkeit des Menschen heruntergespielt, komplexe, gut organisierte soziale Gruppen zu bilden, was mehr als die Herstellung von Werkzeugen zur Entwicklung eines großen Gehirns beigetragen hat.

Außerdem wertet diese Theorie den menschlichen Körper ab.

Es ist viel über die Schnelligkeit des Geparden geredet worden, über die erstaunlichen Sprünge des Känguruhs, die Unterwasserkunststücke des Delphins und die akrobatischen Leistungen des Schimpansen. Aber Tatsache ist, daß – insgesamt gesehen – kein Tier den vielseitigen athletischen Fähigkeiten des Menschen ebenbürtig ist. Wenn wir im Rahmen eines Zehnkampfs der Säugetiere Wettbewerbe im Kurz- und Langstreckenlauf, im Weit- und Hochsprung, im Tauchen, Turnen, Schlagen, Treten und Graben veranstalteten, würden die meisten Wettbewerbe von jeweils anderen Tieren gewonnen werden. Ein durchtrainierter Mensch hätte insgesamt jedoch die höchste Punktzahl. Und bei einem speziellen Wettbewerb – nämlich dem Langstreckenlauf – würde der Mensch alle anderen Tiere vergleichbarer Größe übertreffen, und sogar einige weitaus größere. Wenn wir geborene Genies in den Bereichen des Denkens und Fühlens sind, so sind wir auch im Bereich des Physischen potentielle Genies, und es gibt zweifelsohne für jeden von uns irgendeine Sportart, irgendeine körperliche Betätigung, in der wir uns hervortun können.

Aber selbst aus dem größten Genie kann nichts werden, wenn es sich nicht dafür entscheidet, den Weg des Meisters zu gehen. Dieser Weg ist zwar mühsam, aber auch spannend. Er wird Ihnen unvorhergesehenes Leid bescheren, aber auch unerwarteten Lohn. Und: Sie werden nie an einem endgültigen Ziel ankommen. Eine Fertigkeit, die sich ein für allemal und vollkommen meistern ließe, könnte sowieso nur eine unbedeutende sein. Auf Ihrem Weg werden Sie wahrscheinlich genausoviel über sich selbst lernen wie über die Fertigkeit, die

Sie beherrschen wollen. Auch wenn es immer wieder überraschend für Sie sein wird, wodurch und wie Sie etwas lernen, wird Ihr Fortschreiten auf dem Weg des Meisters doch einen charakteristischen Rhythmus annehmen, der sich etwa so darstellen läßt:

Die Kurve der Meisterschaft

Es läßt sich wirklich nicht vermeiden: Das Erlernen einer neuen Fertigkeit vollzieht sich in relativ kurzen Phasen des Fortschritts, die jeweils von einem leichten Abfallen auf ein Plateau gefolgt werden, das etwas höher ist als das vorherige. Die obige Kurve stellt natürlich eine Idealisierung dar. Der Verlauf des tatsächlichen Lernprozesses ist nicht so gleichmäßig, die Phasen des Fortschritts sind unterschiedlich, und auch die Plateaus haben ihre eigenen Höhen und Tiefen. Aber generell ist das Muster fast immer das gleiche. Um auf dem Weg des Meisters zu bleiben, muß man fleißig üben, sich bemühen, seine Fähigkeiten zu verbessern, um immer kompetenter zu werden. Aber dabei müssen Sie willens sein – und diese Bedingung läßt sich nicht umgehen –, die meiste Zeit auf einem Plateau zuzubringen, auch dann weiter zu üben, wenn es so aussieht, als ob Sie auf der Stelle treten würden.

Warum findet der Lernprozeß in solchen Schüben statt? Warum können wir nicht ständig und gleichmäßig auf dem Weg zur Meisterschaft voranschreiten? Wie wir anhand des vorangegangenen Beispiels vom Tennis gesehen haben, müssen wir neuartige Bewegungen immer und immer wieder üben, bis wir sie in unser «muskuläres Gedächtnis aufgenommen haben», bis wir sie «in unseren Autopiloten einprogrammiert haben». Der Mechanismus, durch den das geschieht, ist bisher nicht vollständig erkannt worden, aber er kommt diesen locker formulierten Beschreibungen vermutlich recht nahe. Karl Pribram, Professor der Neurowissenschaft und einer der führenden Hirnforscher an der Universität von Stanford, erklärt diesen Mechanismus in den Begriffen eines hypothetischen Gehirn-Körper-Systems. Er geht von einem habituellen Verhaltenssystem aus, das auf einer Ebene unterhalb des bewußten Denkens operiert. Zu diesem System gehören die Reflexsysteme im Rückgrat sowie in verschiedenen Bereichen des Gehirns, die miteinander verbunden sind. Dieses habituelle System gestattet uns, Dinge zu tun, ohne uns Gedanken darüber zu machen, wie wir sie tun – etwa einen kraftvollen Aufschlag beim Tennis zu retournieren, Gitarre zu spielen oder in einer neuen Sprache nach dem Weg zu fragen. Wenn man beginnt, eine neue Fertigkeit zu erlernen, muß man zunächst darüber nachdenken und sich bemühen, alte Gefühls-, Bewegungs- und Wahrnehmungsmuster durch neue zu ersetzen.

Dabei kommt etwas ins Spiel, das man als kognitives System bezeichnen könnte, das mit dem habituellen System verbunden ist, sowie ein Leistungssystem, das seinen Sitz im Ammonshorn an der Gehirnbasis hat. Das kognitive und das Leistungssystem werden für einen ausreichend langen Zeitraum zu Subsystemen des habituellen Systems, um dieses zu modifizieren, ihm ein neues Verhalten beizubringen. Anders ausgedrückt, schalten sich das kognitive und das Leistungssystem in das habituelle System ein und programmieren es um. Wenn das geschehen ist, ziehen sich die beiden Systeme zurück. Dann braucht man nicht mehr innezuhalten und zu überlegen, wie man beispielsweise beim Tennis den Schläger richtig hält.

So gesehen, ist es leicht zu erkennen, daß die Phasen des Fortschritts in der Kurve der Meisterschaft keineswegs die einzigen Zeiten sind, in denen etwas Wichtiges oder Aufregendes geschieht. Der Lernprozeß findet im allgemeinen in Stufen statt. Eine Stufe endet, wenn das habituelle System auf die korrekte Ausführung der neuen Aufgabe umprogrammiert worden ist und das kognitive und das Leistungssystem sich zurückgezogen haben. Das bedeutet, daß Sie diese Aufgabe nun ausführen können, ohne über die verschiedenen Schritte besonders nachdenken zu müssen. Zu diesem Zeitpunkt zeichnet sich anscheinend ein Sprung im Lernprozeß ab. Aber der Lernprozeß an sich hat die ganze Zeit über stattgefunden.

Wie bleibt man nun am besten auf dem Weg des Meisters? Einfach ausgedrückt, muß man fleißig üben, aber man sollte dies hauptsächlich um der Übung selbst willen tun. Statt frustriert zu sein, wenn man sich auf dem Plateau befindet, lernt man diese Phase ebenso zu schätzen und zu genießen wie die Phasen des Fortschritts.

Doch ich greife vor, indem ich bereits jetzt darüber schreibe, daß man lernen sollte, das Plateau zu lieben. Zuvor möchte ich Sie mit drei Persönlichkeitstypen bekanntmachen, von denen jeder auf seine Weise durchs Leben geht und sich gegen den Weg des Meisters entschieden hat: den Dilettanten, den Fanatiker und den Phlegmatiker. Wer weiß? – Vielleicht lernen wir uns selbst kennen.

2
Dilettanten, Fanatiker und Phlegmatiker

Wir alle möchten Meister sein, aber der Weg dorthin ist immer weit und oftmals schwierig, und schnell und leicht zu erzielende Ergebnisse sind nur äußerst selten in Sicht. Demgemäß sehen wir uns nach anderen Wegen um, wobei jeder Weg einen bestimmten Persönlichkeitstypus anzieht. Erkennen Sie sich in einer der folgenden drei Kurven?

Der Dilettant

Dilettanten gehen mit einer enormen Begeisterung an jede neue Sportart, Karriere oder Beziehung heran. Sie lieben die Rituale des Beginns, die tolle Ausrüstung, den Fachjargon, den Glanz des Neuen.

Dilettanten sind überglücklich, wenn sie etwa bei der Ausübung einer neuen Sportart die ersten Fortschritte machen. Sie führen ihre Künste der Familie und Freunden vor – und auch Menschen, die sie auf der Straße treffen. Sie können die nächste Übungsstunde kaum abwarten. Das Abfallen vom ersten Höhepunkt trifft sie wie ein Schock. Das darauf folgende Plateau wird von ihnen weder akzeptiert noch verstanden; ihre Begeisterung flaut schnell ab. Sie beginnen, die Unterrichtsstunden zu verpassen. Ihr Verstand denkt sich immer neue rationale Begründungen aus: Dies war dann wohl doch nicht die richtige Sportart – sie ist zu konkurrenzbetont oder nicht konkurrenzbetont genug, zu aggressiv oder nicht aggressiv genug, zu langweilig oder zu gefährlich – was auch immer. Sie erzählen allen, daß diese Sportart ihre einzigartigen Bedürfnisse einfach nicht erfüllen kann. Sich daraufhin in eine neue Sportart hineinzustürzen, gibt den Dilettanten die Gelegenheit, das Szenarium des Beginns zu wiederholen. Vielleicht erreichen sie diesesmal sogar das zweite Plateau, vielleicht auch nicht. Dann geht es weiter zur nächsten Sportart.

Das gleiche trifft auch auf die Karriere zu. Dilettanten lieben neue Jobs, neue Büros, neue Kollegen. Überall sehen sie Gelegenheiten, lecken sich die Lippen nach Verdienstmöglichkeiten, die nur in der Phantasie existieren, freuen sich an den Anzeichen des Fortschritts, über die sie ihrer Familie oder Freunden sofort berichten. Aber dann treffen sie wieder auf ein Plateau: Vielleicht ist dieser Job doch nicht der richtige ... demnach ist es an der Zeit, sich nach etwas Neuem umzusehen. Dilettanten haben beruflich gesehen einen langen Lebenslauf.

In Liebesbeziehungen (wo es vielleicht ungewohnt, aber dennoch gut ist, nach Zeichen der Meisterschaft Ausschau zu halten) spezialisieren sich Dilettanten auf die Flitterwochen. Sie schwelgen in Verführung und Hingabe, dem Erzählen ihrer Lebensgeschichte, dem Vorführen ihrer Liebeskünste – das Ego kann sich so richtig zur Schau stellen. Wenn die erste Leidenschaft abkühlt, fangen sie an, sich nach etwas Neuem umzusehen. Um auf dem Weg des Meisters zu bleiben, müßten sie sich selbst ändern. Da ist es natürlich leichter, ins nächste Bett zu hüpfen und das Ganze von vorn zu beginnen. Dilettanten mögen sich für Abenteurer halten, für Kenner des Neuen – wahrscheinlich sind sie jedoch eher das, was Carl Gustav Jung *puer aeternus*, das ewige Kind, nannte. Die Partner wechseln, aber die Dilettanten bleiben immer gleich.

Der Fanatiker

Fanatiker sind gründliche Menschen, die sich nicht mit dem Zweitbesten zufriedengeben. Sie sind der Ansicht, daß Resultate zählen und daß es keine Rolle spielt, wie man sie erreicht – Hauptsache ist, man erreicht sie schnell. Sie wollen schon in der ersten Unterrichtsstunde alles richtig machen und reden hinterher mit dem Lehrer. Sie fragen, welche Bücher und Kassetten sie kaufen können, um schneller voranzukommen. Beim Sprechen neigen sie sich in Richtung des Zuhörers, beim Gehen ist ihre Energie nach vorn verlagert.

Fanatiker machen anfangs gute Fortschritte. Der erste Sprung im Lernprozeß ist genau das, was sie erwartet haben. Doch wenn sie zurückfallen – was unvermeidlich ist – und sich auf einem Plateau wiederfinden, weigern sie sich, das zu akzeptieren. Sie verdoppeln ihre Anstrengungen und treiben sich unbarmherzig an. Sie verschließen sich gegenüber den mäßigenden Ratschlägen ihres Chefs oder der Kollegen. Sie arbeiten die ganze Nacht durch, um schnelle Resultate vorweisen zu können.

Manager gehören im großen und ganzen diesem Kult an; ihr Persönlichkeitsprofil ist häufig das des Fanatikers. Sie strengen sich mächtig an, um die Umsatzkurve nach oben zu treiben, selbst wenn das bedeutet, daß Forschung und Entwicklung, langfristige Planung, allmähliche Produktverbesserung und Investitionen in die Zukunft dafür geopfert werden müssen.

In Beziehungen leben Fanatiker für den Aufwärtsschwung, die anschwellende Hintergrundmusik, die Reise zu den Sternen. Sie sind nicht so wie die Dilettanten. Wenn die erste Leidenschaft abgekühlt ist, sehen sie sich nicht nach etwas Neuem um. Sie versuchen mit allen Mitteln, das Raumschiff auf Kurs zu halten: durch extravagante Geschenke, erotische Eskalation, melodramatische Rendezvous. Sie begreifen nicht, daß Entwicklungsphasen auf dem Plateau notwendig sind. Die Beziehung wird zur Achterbahnfahrt mit dramatischen Trennungen und leidenschaftlichen Versöhnungen. Der unvermeidliche Bruch bringt zwar für beide Partner eine Menge Schmerz mit sich, aber nur sehr wenig Einblicke in das, was daraus zu lernen ist oder was zur Selbstentwicklung beiträgt.

Irgendwie gelingt es Fanatikern, bei allem, was sie tun, eine Zeitlang Fortschritte zu erzielen, denen dann ein steiler Abstieg folgt – eine Zickzackkurve, die auf den sicheren, endgültigen Absturz zusteuert. Und wenn das geschieht, werden Fanatiker höchstwahrscheinlich verletzt werden – aber nicht nur sie, sondern auch ihre Freunde und Kollegen, ihre Aktionäre oder Liebhaber.

Der Phlegmatiker

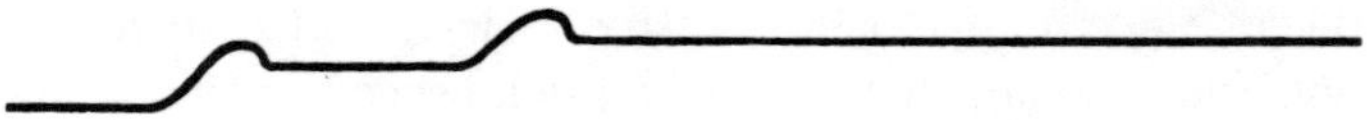

Phlegmatiker haben eine andere Einstellung. Nachdem sie einigermaßen gelernt haben, wie etwas läuft, möchten sie auf unbegrenzte Zeit auf dem Plateau bleiben. Es stört sie nicht, einige der Stufen auszulassen, die für die Entwicklung hin zur Meisterschaft entscheidend sind, wenn sie dafür einfach mit ein paar anderen Phlegmatikern zusammen sein können. Zu dieser Kategorie gehören die Ärzte oder Lehrer, die sich nicht für Fortbildungskurse interessieren, und die Tennisspieler, die bereits eine starke Vorhand haben und meinen, sie brauchten nun nicht weiter an ihrer Rückhand zu arbeiten. Während der Arbeitszeit tun sie gerade genug, um nicht aufzufallen, gehen immer pünktlich oder etwas früher, machen sooft wie möglich eine Pause, reden statt zu arbeiten und wundern sich dann, warum sie nicht befördert werden.

Phlegmatiker betrachten die Ehe oder das Zusammenleben nicht als Möglichkeit des Lernens und der Weiterentwicklung, sondern als gemütlichen Zufluchtsort vor den Ungewißheiten der Außenwelt. Sie geben sich mit einer statischen Monogamie zufrieden, einer Abmachung mit klar definierten und unveränderlichen Rollen, in der die Ehe hauptsächlich eine wirtschaftliche und private Institution ist. Diese traditionelle Vereinbarung funktioniert manchmal recht gut, doch in der heutigen Welt sind zwei Partner nur selten bereit, auf unbegrenzte Zeit auf einem sich niemals ändernden Plateau zu leben. Wenn Ihre Tennispartnerin ihr Spiel verbessert und Sie nicht, werden Sie irgendwann nicht mehr miteinander spielen. Das gilt auch für Beziehungen.

Natürlich sind diese Kategorien nicht ganz so eindeutig. Sie könnten ein Dilettant in der Liebe sein und ein Meister in der Kunst. Sie können sich berufsmäßig auf dem Weg des Meisters befinden und auf dem Golfplatz ein Phlegmatiker sein – oder umgekehrt. Die Grundmuster setzen sich jedoch immer wieder durch und reflektieren und bestimmen Ihre Leistung, Ihren Charakter und Ihr Schicksal.

Auf einigen meiner Vorträge und Seminare beschreibe ich Meister, Dilettanten, Fanatiker und Phlegmatiker. Dann bitte ich die Leute im Publikum, durch Handzeichen zu zeigen, welche der drei Kategorien (ohne die des Meisters) sie am ehesten beschreiben würde. Fast immer teilt sich das Publikum in drei beinahe gleich große Teile auf, und die sich anschließende Diskussion zeigt, wie leicht sich die meisten Menschen mit diesen drei Typen identifizieren können.

Diese Aufteilung in Persönlichkeitstypen hat sich als nützlich erwiesen, um zu erkennen, warum wir uns nicht auf dem Weg des Meisters befinden. Doch in Wirklichkeit geht es darum, sich auf diesen Weg zu begeben und die ersten Schritte zu tun. Die Herausforderung, der wir nun begegnen, wird uns von unserer Gesellschaft gestellt.

3
Der Krieg gegen den Meister in uns

Wenn Sie vorhaben, sich auf den Weg des Meisters zu begeben, wird Ihnen wahrscheinlich schnell bewußt, daß Sie damit in Konflikt mit den gegenwärtigen Trends des gesellschaftlichen Lebens geraten. Man könnte sogar sagen, daß sich unsere überdrehte Konsumgesellschaft in einem totalen Krieg gegen die Idee der Meisterschaft befindet. Am leichtesten ist dies an unserem Wertesystem zu erkennen. Früher wurden Werte durch die Großfamilie, durch Stammes- oder Dorfälteste, durch Sport oder Spiele, die Lehr- oder Schulzeit, durch religiöse Unterweisung und Übung und durch spirituelle und weltliche Zeremonien geprägt. Mit dem schwächer werdenden Einfluß beziehungsweise dem Verschwinden der meisten dieser Institutionen hat die Wertevermittlung in der westlichen Welt merkwürdige neue Formen angenommen.

Unsere Gesellschaft hat sich nun um ein ökonomisches System herum organisiert, das anscheinend ein anhaltend hohes Niveau an Konsum verlangt. Uns wird eine nie zuvor dagewesene Anzahl von Wahlmöglichkeiten angeboten, wie wir unser Geld ausgeben können. Wir sind auf Nahrung, Kleidung, Obdach, Verkehrsmittel und medizinische Versorgung angewiesen, doch innerhalb bestimmter Grenzen können wir uns dabei für eine von unzähligen Alternativen entscheiden. Außerdem versucht man uns durch ein verwirrendes Aufgebot unnötiger Dinge zu verführen – Videorecorder, Kreuzfahrten, Motorboote, Mikrowellenherde. Jedesmal, wenn wir Geld ausgeben, geben wir einen Stimmzettel für das ab, was wir wertschätzen. Es gibt keine deutlicheren oder direkteren Indikatoren. Daher ist das Hauptanliegen aller Versuche, uns zum Geldausgeben zu bewegen, das Einprägen von bestimmten

Werten – sei es in Form von Zeitungsannoncen, Radio- und Fernsehwerbung, Postwurfsendungen oder ähnlichem. Dies sind die Hauptvermittler des Wertesystems unserer heutigen Zeit.

Sehen Sie sich die Fernsehwerbung einmal genau an. Welche Werte werden dort vertreten? Einige Werbespots sprechen Ängste an («Kaufen Sie unsere Travellerschecks, denn Sie könnten auf Ihrer nächsten Reise überfallen werden...»), einige die Logik, andere gar die Sparsamkeit («Unser Auto ist in folgenden Bereichen besser als das unserer Konkurrenten und obendrein noch billiger...»), manche den Snobismus (in einem eleganten Landhaus trinken einige modisch gekleidete Menschen eine bestimmte Marke Mineralwasser), andere reinen Hedonismus (an einem scheußlichen Wintertag kommt ein junges Paar in der Stadt zufällig an einem Reisebüro vorbei, ihre Augen richten sich auf eine übergroße Kreditkarte im Schaufenster, woraufhin sie sofort auf eine wunderbare Weise in ein traumhaftes tropisches Paradies versetzt werden).

Wenn Sie weiter beobachten, können Sie das Muster entdecken. Etwa die Hälfte der Werbung – gleichgültig, um was es dabei geht – basiert auf einem sich zuspitzenden Höhepunkt: Der Kuchen ist bereits gebacken, die Familie und die Gäste haben sich mit strahlenden Gesichtern versammelt, um einem süßen Dreijährigen dabei zuzusehen, wie er die Kerzen auspustet. Der Wettlauf ist gelaufen und gewonnen, schöne junge Menschen springen voller Ekstase auf und ab, während sie nach einer eisgekühlten Dose Diät-Cola greifen. Für anderthalb Sekunden werden Männer bei der Arbeit gezeigt, dann ist es Zeit für ein Bier. Diese Werbung suggeriert, daß das Leben in seiner höchsten Vollendung aus einer endlosen Reihe von Höhepunkten besteht.

Und die Komödien und Seifenopern, die Krimi-Serien und MTV folgen alle dem gleichen Muster: 1) Wenn man eine halbe Stunde lang deftige Witze reißt, wird sich rechtzeitig zum letzten Werbespot alles zur Zufriedenheit gelöst haben. 2) Die

Menschen sind ziemlich gemein, arbeiten wenig und werden schnell reich. 3) Kein Problem ist so schwierig, daß es nicht im Handumdrehen mit einem Revolver gelöst werden könnte. 4) Die verrückteste Phantasie, die man sich ausdenken kann, kann sofort und ohne jede Anstrengung verwirklicht werden.

Dabei wirkt der eigentliche Inhalt nicht halb so zerstörerisch auf den Prozeß der Meisterschaft wie der zugrundeliegende Rhythmus. Eine Epiphanie folgt der anderen, eine Phantasie wird von der nächsten verdrängt, Höhepunkt wird auf Höhepunkt geschichtet. Es gibt kein Plateau.

Der Weg des endlosen Höhepunkts

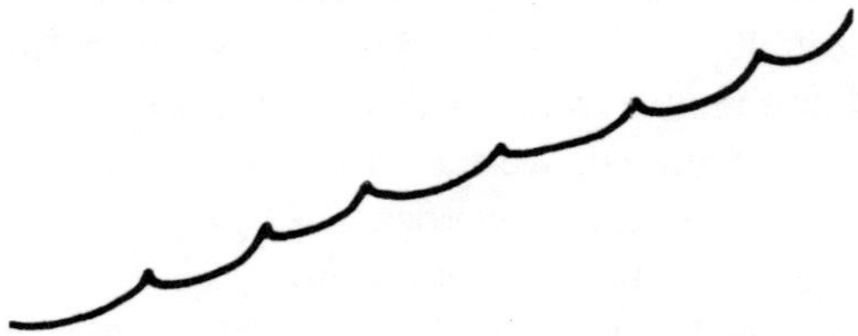

Die letzten beiden Generationen in Amerika und der westlichen Welt sind im Zeitalter des Fernsehens aufgewachsen, in dem unser Wertesystem auf bisher nie dagewesene Art und Weise vom Konsumdenken beeinflußt wurde. Aus diesem Grunde überrascht es kaum, daß viele von uns davon ausgehen, daß sich unser Leben selbstverständlich von einem Höhepunkt zum anderen bewegen sollte. Was machen wir aber, wenn unsere tägliche Erfahrung dem nicht entspricht? Wie erreichen wir ohne Unterweisung, Disziplin oder Übung, daß diese immer neuen Höhepunkte auch wirklich stattfinden? Ganz einfach: Man nimmt eine Droge.

Natürlich geht das nicht so. Langfristig wird es einen sogar zerstören. Aber wer in der Unterhaltungs- und Werbebranche interessiert sich schon für langfristige Auswirkungen? Wer hätte den Mut, in seiner Werbung darauf hinzuweisen, daß jeder Versuch – ob mit oder ohne Drogen –, eine endlose Reihe von Höhepunkten zu erreichen, so enden muß:

Die Spielleidenschaft, die die Vereinigten Staaten zur Zeit ergriffen hat, beweist, wie eindeutig und eklatant die Kampagne gegen jegliche langfristige Anstrengung geworden ist. Eine Anzeige für die Lotterie des Staates Illinois zeigt einen Mann, der sich verächtlich über Menschen äußert, die Wertpapiere kaufen, und behauptet, daß für einen normalen Mensch die einzige Möglichkeit, zum Millionär zu werden, darin besteht, in der Lotterie zu spielen. Der allererste Werbespot, den der amerikanische Fernsehsender ABC in einer Sondersendung über die Krise des amerikanischen Schulsystems sendete, zeigte eine lebhafte Unterhaltung einer Gruppe gutaussehender junger Leute. Vermutlich waren die Darsteller über 21, sahen aber aus wie Gymnasiasten. «Ich nehme den Sportwagen», sagte einer von ihnen. Eine andere erzählte ihren Freunden, daß sie den Urlaub in Hawaii wählen würde, und ein dritter war überzeugt, daß er den Bargeldpreis von 50 000 Dollar gewinnen würde. Obwohl es in den Köpfen dieser glücklichen Jugendlichen keinen Zweifel zu geben schien, daß sie das betreffende Preisausschreiben gewinnen würden, hatten sie statistisch gesehen eine größere Chance, in einer Zisterne, einer Jauchegrube oder einem Brunnen zu ertrinken.

Eine Rundfunkwerbung für eine andere Lotterie handelte von der Geschichte eines jungen Mannes, der sich schämt, von seinem Bruder gesehen zu werden, während er in einem Fastfood-Restaurant Hamburger brät. Er erzählt, daß er arbeitet, um sich Eintrittskarten für ein Fußballspiel kaufen zu können. Der Bruder fragt, warum er das mache, denn er könne doch auch Lose für die Lotterie kaufen. Der junge Mann ist sofort überzeugt. Er läßt die Hamburger anbrennen und serviert tiefgefrorene Pommes frites. «Ist mir egal», sagt er freudestrahlend. «Ich kann die Eintrittskarten gewinnen. Ich brauche diesen Job nicht mehr.»

Wenn man hinter all diesen Werbebotschaften eine treibende Kraft vermuten würde, müßte man annehmen, daß die Nation entschlossen ist, sich selbst zu zerstören. Auf jeden Fall könnte man folgern, daß in den Vereinigten Staaten der unverhältnismäßig stark verbreitete Mißbrauch jener Drogen, die einem ein schnelles Hochgefühl vermitteln, seine Ursachen nicht so sehr in kriminellen oder unmoralischen Triebkräften hat, sondern in dem absolut verständlichen Wunsch, Amerikas am deutlichsten sichtbare und stärkste Vision von dem, was ein gutes Leben ausmacht, nachzuvollziehen: eine endlose Aneinanderreihung von Höhepunkten. Diese Vision ist keine Erfindung des Fernsehens. Sie spiegelt sich im Vokabular des Gewinnens wider («Mir ist es egal, wie du gewinnst – Hauptsache, du gewinnst»), in der Ideologie des Lernens ohne Anstrengung, in den Berichten über Menschen, die über Nacht zu Berühmtheiten oder Millionären wurden, sowie in dem Gefühl, man sei der Größte, wenn man tatsächlich einmal etwas gewonnen hat. Dies ist die vorherrschende Einstellung in der Geschäftswelt Amerikas – selbst unter den jungen Drogenhändlern in den Ghettos. Der Anthropologe Philippe Bourgois, der fünf Jahre lang in East Harlem lebte und die dortige Kultur studierte, schrieb: «Aufgrund meiner Erfahrungen glaube ich, daß die Behauptung, die Armen seien unzureichend sozialisiert und teilten nicht die Werte der Gesamtgesellschaft, falsch ist. Im Gegenteil, die ehrgeizigen, energiegeladenen Jugendlichen der Innenstädte fühlen sich aus dem Grund von der Untergrund-Ökonomie angezogen, weil sie an den amerikanischen Traum glauben, demzufolge es jeder zu etwas bringen kann. Wie viele

Menschen, die normalen Berufen nachgehen, versuchen auch sie verzweifelt, so schnell wie möglich an ihren Anteil vom Kuchen zu kommen.»

Die gegen die Meisterschaft gerichtete Mentalität der schnellen Lösungen färbt nahezu jeden Aspekt unseres Lebens. Sehen wir uns einmal die moderne Medizin und Pharmakologie an. Ihr Schlachtruf ist die «schnelle, vorübergehende Schmerzlinderung». Den Symptomen wird sofortige Aufmerksamkeit geschenkt, während die Ursachen verborgen bleiben. Immer mehr Untersuchungen zeigen, daß die meisten Krankheiten durch Umweltfaktoren oder die Art der Lebensführung verursacht werden. Der typische zwölfminütige Arztbesuch läßt dem Arzt keine Zeit, sich das Gesicht des Patienten zu merken oder etwas über dessen Lebensführung zu erfahren – aber es ist Zeit genug, ein Rezept auszustellen.

Eine bahnbrechende Untersuchung von Dr. Dean Ornish und seinen Mitarbeitern in San Francisco hat schlüssig bewiesen, daß Erkrankungen der Herzkranzgefäße, die die meisten Todesfälle in den Vereinigten Staaten verursachen, durch einen langfristigen Wandel der Lebensführung geheilt werden können. Dabei werden eine gesunde Ernährung, Körperübungen in vernünftigem Ausmaß, Yoga, Meditation und positive Unterstützung durch die Gruppe eingesetzt, jedoch keine Medikamente oder Operationen. Dieses Programm wurde von einigen Ärzten als «zu radikal» bezeichnet. Wenn dies radikal ist, was halten solche Ärzte dann für «vorsichtig»? Vielleicht eine Bypassoperation, bei der einem die Brust geöffnet wird, bei der eine fünfprozentige Chance besteht, daran zu sterben, eine dreißigprozentige Chance, daß neurologische Schäden entstehen, eine fünfzigprozentige Chance, daß die ganze Operation unnötig ist – eine Operation, die nach wenigen Jahren wiederholt werden muß und 30000 Dollar kostet? Aber all das scheint keine Rolle zu spielen. Entscheidend ist nur, daß es schnell geht.

Und im Geschäftsleben und in der Industrie? Wahrscheinlich braucht kein anderer Bereich des Lebens die Prinzipien der

Meisterschaft mehr als diese. «Daß nicht länger die Rede von ausgeglichenem, langfristigem Wachstum ist», schreibt Ralph E. Winter in einem Artikel im *Wall Street Journal* über die gegenwärtige Mode der Rationalisierung, «dafür haben ungeduldige Aktionäre und wohlhabende Spekulanten gesorgt. Heute konzentrieren sich verängstigte Manager, die sich um ihre Jobs oder Firmen sorgen, ihre Anstrengungen darauf, Arbeitsprozesse weiter zu rationalisieren und mit Aktiva zu jonglieren, um kurzfristige Profitspannen zu erhöhen – und das häufig zu Lasten der Ausgewogenheit und des Wachstums.» Der Ankauf und Verkauf ganzer Firmen durch kapitalstarke Spekulanten bestätigt dies. Zwar entsteht eine ungeheure Spannung, und bestimmte Leute verdienen in kurzer Zeit viel Geld, aber der betreffenden Firma oder der Gesamtökonomie wird nur sehr wenig an wirklichem Wert hinzugefügt – wenn überhaupt. Und der Spekulant wird zum Helden unserer Kultur.

Aber der Held von heute kann zum Paria von morgen werden. Es existieren bereits Anzeichen einer massiven und wachsenden Desillusionierung in bezug auf unsere Über-Nacht-Milliardäre und auch auf die radikalen Schlankheitskuren, die legalen und illegalen Wunderdrogen, Lotterien und Preisausschreiben und den ganzen Rummel, der sich um die Anbetung der schnellen und mühelosen Erfolge und Erfüllung dreht. In der Tat führt dasselbe geistige Klima, das einige Menschen glauben läßt, sie könnten ohne große Anstrengung abnehmen oder etwas Neues lernen, andere dazu, zu glauben, daß sie schnell reich werden können, ohne etwas von Wert dafür geben zu müssen.

Ein Krieg, der nicht gewonnen werden kann

Mir ist bewußt, daß ich diese Kritik an bestimmten amerikanischen Werten zu einem Zeitpunkt äußere, an dem Amerika und der Westen einen großen Triumph erleben. Überall auf der

Welt, selbst in Ländern, deren Führer gegen uns polemisieren, wird das Verlangen nach der amerikanischen Lebensart stärker. Totalitäre Regierungen stehen in der heutigen Zeit auf wackeligen Beinen. Der Hunger nach freien demokratischen Regierungsformen war niemals stärker. Der Kommunismus mit seiner zentralistischen Wirtschaftsplanung befindet sich überall auf dem Rückzug, und ohne jeden Zweifel weist die Idee der Freiheit den richtigen Weg. In einem großen Teil der Welt setzt sich die Überzeugung durch, daß Nationen das System der Belohnung und des individuellen Anreizes brauchen, das in einer freien Marktwirtschaft vorherrscht.

Der Sieg ist echt und sollte gefeiert werden. Aber eine behutsame Selbstreflexion steht ebenso auf der Tagesordnung, denn wahrscheinlich gibt es keine gefährlichere Zeit für eine Gesellschaft als den Augenblick ihres größten Triumphes. Es wäre wirklich töricht, wenn wir angesichts des Zerfalls des Kommunismus die Augen davor verschließen würden, daß die freie Marktwirtschaft langfristige negative Auswirkungen hat, wenn sie nicht den Erfordernissen der Umwelt oder der sozialen Gerechtigkeit angepaßt wird und nur von blindem Konsumdenken, sofortiger Befriedigung aller Bedürfnisse und schnellen Lösungen angetrieben wird. Unsere Ideologie vom Wachstum um jeden Preis bringt uns auf einen Kollisionskurs mit der Umwelt; unsere Ideologie von der Illusion endloser Höhepunkte bringt uns auf einen Kollisionskurs mit der menschlichen Psyche.

Der Weg des Meisters gilt für Nationen ebenso wie für Individuen. Unser gegenwärtiger nationaler Wohlstand ist auf einem ungeheuren Defizit aufgebaut, auf Billionen von Dollar, die längst für Umweltschutz, Infrastruktur, Erziehung und soziale Programme hätten ausgegeben werden müssen. Er gründet auf der Mentalität der schnellen Lösungen. Das Unvermögen, das Defizit abzubauen, geht Hand in Hand mit der leichtfertigen Vergabe von Krediten und der fortwährenden Unterstützung des individuellen Konsums zu Lasten des

Sparens und des langfristigen Nutzens. Der Sieg der Resultate über den Prozeß zeigt sich in der schlechten Qualität der Arbeit und der Zunahme importierter Güter. Die dringlichen Appelle der Werbung, die das Leben als eine Reihe von Höhepunkten darstellen, stehen im Zusammenhang mit der gegenwärtigen Epidemie des Drogenmißbrauchs und der Spielleidenschaft. Die überfüllten Regale in den Supermärkten und die verstopften Autobahnen sind nicht viel wert – und machen die herzzerreißenden Schreie der Drogenbabys, den Zusammenbruch des Lernsystems innerhalb und außerhalb der Schulen und die wachsende Kluft zwischen Arm und Reich nicht wett.

Amerika ist nach wie vor das aufregendste Land überhaupt. Seine Freiheit, seine Energie, sein Erfindungsgeist inspirieren noch immer den Rest der Welt. Aber es ist möglich, daß seine Gnadenfrist abläuft. Langfristig gesehen kann der Krieg gegen die Idee der Meisterschaft, gegen den Weg der geduldigen, hingebungsvollen Bemühungen ohne ein Verhaftetsein an sofortige Ergebnisse nicht gewonnen werden.

4
Das Plateau lieben

In unserer Kindheit drängt man uns zu lernen, um gute Noten zu bekommen. Dann erzählt man uns, wir sollten gute Noten haben, um später einen Studienplatz zu bekommen. Daraufhin heißt es, wir sollten einen Studienplatz bekommen, um einen guten Job zu kriegen. Wir sollen einen guten Job kriegen, um uns ein Haus und ein Auto kaufen zu können. Wieder und wieder wird uns gesagt, daß wir etwas tun sollen, um etwas anderes zu bekommen. So verbringen wir unser Leben ausgestreckt auf einer Folterbank von Möglichkeiten.

Ohne Zweifel sind Möglichkeiten wichtig; auch das Erreichen von Zielen ist wichtig. Aber die Würze des Lebens – ob angenehm oder bitter – liegt nicht so sehr in den Ergebnissen unserer Anstrengungen als vielmehr im Prozeß des Lebens selbst, in dem Gefühl zu leben. Uns wird auf vielerlei Art und Weise beigebracht, das Ergebnis zu schätzen, die Belohnung, den Höhepunkt. Aber selbst wenn wir das entscheidende Tor bei der Fußballweltmeisterschaft schießen würden, bliebe noch immer das Morgen, das Übermorgen und der Tag danach. Wenn Sie ein gutes Leben führen, das Leben eines Meisters, werden Sie den Großteil davon auf einem Plateau zubringen. Wenn nicht, werden Sie wahrscheinlich die meiste Zeit Ihres Lebens nervöse, quälende und letzten Endes selbstzerstörerische Anstrengungen unternehmen, um dem Plateau zu entkommen. Es stellt sich die Frage, inwiefern uns in unserer Erziehung, unserer Ausbildung, unserer Karriere ausdrücklich beigebracht wurde, das Plateau – diese lange Phase geduldiger Anstrengung ohne einen offensichtlichen Fortschritt – zu schätzen, zu genießen oder gar zu lieben.

Ich hatte das Glück, im mittleren Alter Aikido zu entdecken, eine Kunst, die so schwierig ist und sich so eindeutig den schnellen Lösungen entzieht, daß sie mich das Plateau auf eine sehr eindringliche Weise erkennen ließ. Anfangs ging ich einfach davon aus, daß ich laufend besser werden würde. Meine ersten Plateaus waren ziemlich kurz, so daß ich sie ignorieren konnte. Aber nach etwa anderthalb Jahren war ich gezwungen, die Tatsache anzuerkennen, daß ich mich auf einem ganz enormen Plateau befand. Diese Erkenntnis brachte einen gewissen Schock und auch einiges an Enttäuschung mit sich, aber irgendwie hielt ich durch und erlebte schließlich einen deutlichen Sprung vorwärts. Als mein äußerlicher Fortschritt ein weiteres Mal ins Stocken geriet, sagte ich zu mir: «Verdammt, wieder ein Plateau.» Nach ein paar Monaten gab es erneut einen Sprung vorwärts, und darauf folgte natürlich das unvermeidliche Plateau. Aber dieses Mal geschah etwas Wunderbares. Ich dachte: «Junge, Junge. Wieder ein Plateau. Gut, jetzt kann ich innehalten und weiter üben. Irgendwann wird es dann wieder aufwärtsgehen.» Dieser Augenblick war einer der schönsten auf meinem Weg.

Freude am regelmäßigen Üben

Damals war die Aikido-Schule, die ich besuchte, erst achtzehn Monate alt, und es gab keine Schüler, die über den Blaugurt hinausgekommen waren. Unsere Lehrer, die einzigen Schwarzgurte weit und breit, schienen sich im Vergleich zu uns auf einer völlig anderen Ebene zu bewegen. Ich dachte nicht im Traum daran, daß auch ich zu dieser höheren Ebene aufsteigen könnte. Da war ich also – ein ungeduldiger, erfolgsorientierter Mensch, der bisher immer den schnellsten und direktesten Weg zu seinem Ziel eingeschlagen hatte – und übte stetig und eifrig, ohne ein besonderes Ziel zu haben, einfach um der Übung selbst willen. Monate vergingen, ohne daß mein steter

Übungsrhythmus durch etwas unterbrochen wurde. Das war etwas Neues in meinem Leben, eine Offenbarung. Die endlose Aneinanderreihung von Unterrichtsstunden war aus genau dem Grunde so befriedigend, weil sie – im Sinne des Zen – «nichts Besonderes» war.

Ich ging drei- oder viermal in der Woche zum Training, von 19.00 bis 21.00 Uhr. Wenn es Zeit war, zum Dojo, dem Übungsraum, in die Stadt zu fahren, begannen die Probleme und die Verwirrung des Tages von mir abzufallen. Sobald ich den weißen Baumwollanzug, den Gi, faltete, beruhigte sich meine Atmung und schenkte mir ein Gefühl des Friedens. Die Fahrt dauerte etwa eine halbe Stunde und führte über die Golden-Gate-Brücke in die Stadt, einen steilen Hügel hinauf, den ich im ersten Gang nehmen mußte, und eine breite, lärmende Straße entlang, die für ihre endlose Reihe von Autohändlern bekannt war. Trotz des Straßenlärms schien es mir, sobald ich die Treppenstufen zum Dojo im ersten Stock hinaufstieg, als würde ich eine Zufluchtsstätte betreten, einen Ort, der meiner normalen Existenz zwar fremd, aber doch irgendwie vertraut war.

Ich liebte alles hier, besonders jenes Ritual, das immer gleich und doch jedesmal wieder neu war: mich beim Eintreten zu verbeugen, meine Mitgliedskarte aus dem Karteikasten auf dem Schreibtisch zu ziehen, im Umkleideraum meinen Gi anzuziehen. Ich liebte den vertrauten Schweißgeruch, die gedämpften Unterhaltungen. Ich liebte es, aus dem Umkleideraum zu kommen und zu sehen, wer von den anderen Schülern sich bereits aufwärmte. Ich liebte es, mich beim Betreten der Matte erneut zu verbeugen und meinen Platz in der langen Reihe der Aikidoka einzunehmen, die in Seiza, der japanischen Meditationshaltung, saßen. Ich liebte es, wenn unser Lehrer den Raum betrat, ich liebte die rituellen Verbeugungen, die Aufwärmübungen und dann das Pochen meines Herzens und die Vertiefung meines Atems, wenn das Training schneller und anstrengender wurde.

Es war nicht immer so. Manchmal, wenn es Zeit wurde, zum Training zu gehen, fühlte ich mich besonders faul. Dann war ich versucht, alles andere zu tun, statt mich mit mir selbst auf der Matte auseinanderzusetzen. Und zu manchen Zeiten gab ich diesem unausweichlichen menschlichen Widerstand gegen all das, was gut für einen ist, nach und verschwendete einen Abend damit, mich abzulenken. Ich wußte allerdings, daß ich – wenn ich meine Lethargie überwinden könnte – mit einem kleinen Wunder belohnt werden würde. Ich wußte, daß, gleichgültig, wie ich mich fühlte, während ich die Treppe zum Dojo hinaufstieg, ich zwei Stunden später – nach Hunderten von Würfen und Fallübungen – mit einem Gefühl des Kribbelns und der Lebendigkeit hinausgehen würde und mich so gut fühlen würde, daß selbst die Nacht zu glitzern und zu leuchten schien.

Dieses Glücksgefühl, und das möchte ich noch einmal betonen, hatte nur sehr wenig mit Fortschritt oder dem Erreichen von Zielen zu tun. Ich war sogar völlig überrascht, als einer meiner Lehrer einen Mitschüler und mich nach einem Marathontraining am Wochenende in sein Büro bat und uns den braunen Gürtel übergab, den Grad, auf den der Schwarzgurt folgt. Eines Abends, etwa ein Jahr später, unterhielten sich die vier fortgeschrittensten Braungurte unserer Schule; wir sprachen beiläufig über die Möglichkeit, eines Tages zu Schwarzgurtträgern werden zu können. Der Gedanke daran war aufregend und beunruhigend zugleich, und als ich zur nächsten Unterrichtsstunde kam, war mir bewußt, daß sich etwas verändert hatte: der Ehrgeiz nagte an meinen Eingeweiden.

Vielleicht war es nur ein Zufall, aber innerhalb von drei Wochen nach diesem Gespräch zog sich jeder von uns vieren ernsthafte Verletzungen zu – einen gebrochenen Zeh, einen Sehnenriß im Ellenbogen, eine ausgekugelte Schulter (meine) und einen dreifachen Armbruch. Diese Verletzungen waren gute Lehrmeister. Nachdem wir genesen waren, kehrten wir zur steten, ziellosen Übung zurück. Es sollten noch anderthalb Jahre vergehen, bis wir vier den Schwarzgurt erhielten.

Das heißt nicht, daß wir uns nicht anstrengten. Wenn der Phlegmatiker sich auf dem Plateau befindet, hört er einfach auf, sich anzustrengen, aber wenn ich an diese Zeit zurückdenke, wird mir klar, daß wir uns trotz unserer vielen Unzulänglichkeiten ohne Zweifel auf dem Weg des Meisters befanden. Im Gegensatz zum Phlegmatiker arbeiteten wir sehr schwer und taten unser Bestes, um unsere Fähigkeiten zu verbessern. Aber wir hatten gelernt, wie gefährlich es sein kann, sich selbst vorauszueilen, und waren bereit, so lange wie nötig auf dem Plateau zu verweilen. Wir waren noch immer ehrgeizig, aber wir hielten den Ehrgeiz im Zaum. Wir genossen das Training wieder, wir liebten das Plateau, und wir machten Fortschritte.

Dieses grundlegende Paradoxon wird besonders deutlich in einer Kampfkunst wie Aikido, die außergewöhnlich hohe Anforderungen stellt, einem nichts schenkt und einen doch reichlich belohnt. Aber ich glaube, daß das gleiche auf jede menschliche Tätigkeit zutrifft, in der echtes Lernen stattfindet – ob geistig, körperlich, emotional oder spirituell. Und trotz des hartnäckigen und wirkungsvollen Krieges, den unsere Gesellschaft gegen die Idee der Meisterschaft führt, gibt es noch immer Millionen erfolgreicher Menschen, die sich dem Prozeß ebenso verschrieben haben wie dem Endresultat – Menschen, die das Plateau lieben. Für diese Menschen ist das Leben besonders intensiv und befriedigend.

«Darin liegt mein wahres Glück», erzählte mir ein Freund, der Schriftsteller ist. «Während dieser Zeit rückt der ganze andere Kram in den Hintergrund. Sobald ich in mein Arbeitszimmer gehe, spüre ich von allen Seite Freude – ausgehend von den Büchern in den Regalen, dem besonderen Geruch des Zimmers. Diese Reize vermischen sich mit dem, was ich geschrieben habe, und dem, was ich schreiben werde. Selbst wenn ich die ganze Nacht über auf war, verschwindet meine

Erschöpfung – einfach so. Es gibt ein ganzes Spektrum der Freude, das mich erwartet – vom Formen eines treffenden Satzes bis zum Gewinn einer neuen Erkenntnis.»

«Viele Menschen tun bestimmte Dinge nur, weil ein Lehrer oder die Eltern ihnen gesagt haben, daß sie sie tun sollten», sagte der olympische Kunstturner Peter Vidmar. «Menschen, die etwas nur des Geldes, des Ruhmes oder der Medaille wegen tun, können nicht erfolgreich sein. Wenn man sein eigenes Bedürfnis spürt, wartet man nicht, bis andere Leute eine Lösung für die eigenen Probleme gefunden haben. Du wirst deine eigene finden. Ich habe mir Ziele gesteckt, aber hinter all den Zielen und all der Arbeit stand die Tatsache, daß ich Spaß daran hatte. Mir machte Kunstturnen einfach Spaß. Und ich hätte nie gedacht, daß ich eines Tages ein olympischer Turner sein würde.»

«Meine Routine ist mir wichtig», sagte eine erfolgreiche Malerin, die fünfmal in der Woche jeweils vier Stunden in ihrem Studio arbeitet. «Wenn ich anfange zu malen, habe ich ein wunderbares Gefühl des Wohlbefindens. Ich mag es, wenn ich einfach so vor mich hin male. Wenn es gutgeht, dann fühle ich, daß dies mein wirkliches Selbst ist. Diese Routine nährt mich. Wenn ich dies nicht täte, würde ich mein wirkliches Selbst verraten.»

Als ich ein kleiner Junge war, nahm mich mein Vater Samstag morgens mit in sein Büro. Ich glaube nicht, daß er wirklich arbeiten mußte. Er fühlte sich einfach zu seinem Büro hingezogen, dort war sein Ort der Übung. Er verkaufte Feuerversicherungen, und während er seine Post durchsah, durfte ich durch das Büro laufen und mit den herrlichen mechanischen Apparaten jener Zeit spielen – mit den imposanten Schreibmaschinen, den mechanischen Rechenmaschinen, den Heftern und Lochern und dem alten Diktiergerät, auf dem ich eine blecherne Wiedergabe meiner Stimme hören konnte.

Ich liebte die Stille dieser Samstage und die Gerüche von Klebstoff und Tinte, Radiergummis und abgegriffenem Holz.

Ich spielte mit den Maschinen und bastelte eine Zeitlang Papierflugzeuge; meistens ging ich jedoch in das Büro meines Vaters, setzte mich hin und beobachtete ihn – fasziniert von der Tiefe seiner Konzentration. Er war in seiner eigenen Welt, ganz entspannt und gleichzeitig völlig konzentriert, während er die Umschläge verschiedener Größe öffnete, den Inhalt sortierte und Notizen für seine Sekretärin machte. Und während er arbeitete, waren seine Lippen leicht geöffnet, sein Atem ging ruhig und gleichmäßig, seine Augen waren weich, und seine Hände bewegten sich stetig, nahezu hypnotisch. Ich erinnere mich, daß ich mich schon damals, als Zehnjähriger, fragte, ob ich jemals eine solche Konzentrationsfähigkeit besitzen oder ein solches Vergnügen an meiner Arbeit finden würde. Bestimmt würde ich dies nicht in der Schule finden, und vor allem nicht während meiner unregelmäßigen, schnell wieder aufgegebenen Versuche, meine Hausaufgaben zu machen. Schon damals wußte ich, daß er ein ehrgeiziger Mann war, mit einem brennenden Verlangen nach dem äußeren Lohn für seine Arbeit – einem Verlangen nach öffentlicher Anerkennung oder sogar Ruhm. Aber ich wußte auch, daß er seine Arbeit liebte – das Gefühl, den Rhythmus, die Struktur. Später erzählten mir die Kollegen meines Vaters, daß er einer der Besten auf seinem Gebiet war. Trotzdem bekam er nie die öffentliche Anerkennung oder den Ruhm, den er sich gewünscht hatte. Aber Anerkennung kann oft unbefriedigend sein, und Ruhm ist wie Salzwasser für die Durstenden. Die Liebe zur Arbeit, die Bereitschaft, auch ohne äußere Belohnungen dabeizubleiben, nährt und sättigt.

Das Antlitz der Meisterschaft

Der Ausdruck tiefer Konzentration, den ich im Gesicht meines Vaters wahrnahm, während er die von ihm geliebte Arbeit verrichtete, ähnelt dem Ausdruck, der im Gesicht fast aller Menschen wiedergefunden werden kann, die sich auf dem Weg des Meisters befinden – selbst wenn sie völlig erschöpft sind. Die Sportfotos, die wir kennen, gehören einer Richtung an, die ich als «die Erregung des Siegers/die Agonie des Verlierers» bezeichnen möchte. Immer wieder werden uns fast ausschließlich Höhepunkte gezeigt – ungeheure Anstrengungen, bei denen die Gesichter vor Schmerz oder Triumph verzerrt sind. Aber ich glaube, daß das wahre Gesicht eines Meisters entspannt und friedlich ist, manchmal mit dem Anflug eines kleinen Lächelns. In der Tat scheinen die Sportler, die wir am meisten bewundern, gelegentlich in eine andere Dimension einzutreten. Von den gegnerischen Spielern umzingelt, den Anfeuerungsrufen der Menge ausgesetzt, verwandeln sie das Schwierige, sogar das Übernatürliche, in etwas scheinbar Einfaches, und es gelingt ihnen auf irgendeine Weise, dort Harmonie zu schaffen, wo sonst Chaos herrschen würde.

Als ich mich auf eine Artikelserie zum Thema Meisterschaft vorbereitete, suchte ich nach Bildern, die das Antlitz der Meisterschaft veranschaulichen würden. Ich sah Hunderte von Bildern und Dias der großen Presseagenturen durch und fand hier und da unter den Aufnahmen der Kategorie «Die Erregung des Siegers/die Agonie des Verlierers», wonach ich gesucht hatte: Steven Scott, der in die letzte Runde der Meile ging, sein Gesicht friedlich, sein Körper entspannt; Greg Louganis auf dem Sprungbrett, sein Gesicht eine Studie ruhiger Konzentration; Peter Vidmar beim Bodenturnen, sein Körper in einer unglaublich anstrengenden Haltung, sein Gesicht besinnlich und gesammelt; Kareem Abdul-Jabbar, der seinen berühmten «Sky-hook» über die Hand eines anderen Basketballspielers wirft, sein Gesicht die Offenbarung innerer Freude. Abdul-Jabbar hat nicht gerade ein kleines Ego. Ich bin mir sicher, daß er das Geld, den Ruhm und die Privilegien liebt, die ihm seine Karriere gebracht haben. Aber noch mehr liebt er den «Sky-hook».

Ziele und Möglichkeiten sind, wie gesagt, wichtig. Aber sie existieren in der Zukunft und der Vergangenheit, außerhalb des

Reiches der Sinne. Die Übung, der Weg des Meisters, existiert nur in der Gegenwart – sichtbar, hörbar und fühlbar. Das Plateau lieben heißt, das ewige Jetzt zu lieben, die unausweichlichen Vorwärtssprünge zu genießen und die Früchte der Anstrengung zu ernten, um dann still das neue Plateau zu akzeptieren, das bereits auf uns wartet. Das Plateau zu lieben, heißt das zu lieben, was im Leben am wichtigsten und am dauerhaftesten ist.

TEIL 2

Die fünf Prinzipien der Meisterschaft

Einführung

Jeder Mensch besitzt nicht nur die Fähigkeit zu lernen, sondern ist auch in der Lage, von der Geburt bis zum Tod immer weiter dazuzulernen, und genau das ist es, was ihn von anderen uns bekannten Lebensformen unterscheidet. Der Mensch ist je nach herrschendem Zeitgeist als gestaltendes Tier, als Arbeitstier oder als kämpfendes Tier definiert worden, aber all diese Definitionen sind unvollständig und daher letzten Endes falsch. Der Mensch ist ein lernendes Tier; in dieser einfachen Definition ist die wahre Natur der menschlichen Spezies enthalten.

So gesehen ist die Meisterung von Fertigkeiten, die genetisch nicht vorprogrammiert sind, die Eigenschaft, die den Menschen vor allem anderen auszeichnet. Die ersten und wichtigsten Lernschritte in dieser Richtung vollziehen sich ohne jeden förmlichen Unterricht – die Welt selbst ist die Schule. Jeder von uns begibt sich in der frühen Kindheit, wenn wir sprechen oder laufen lernen, auf den Weg des Meisters. Alle Erwachsenen, alle älteren Kinder in unserer Umgebung sind unsere Sprachlehrer, sie sind die Art von Lehrern, die lächeln, wenn wir erfolgreich sind, die es zulassen, wenn wir etwas noch nicht ganz richtig aussprechen, und die sich kaum jemals in großen Vorträgen ergehen – das heißt, sie sind so, wie Lehrer sein sollten. Durch die gleiche Art der Ermutigung, durch tolerante Lehrer und die direkte und entscheidende Unterstützung der Schwerkraft, erlernen wir die aufrechte Haltung und die Fortbewegung auf zwei Beinen. Dabei ist die Schwerkraft ein Lehrer par excellence. Außerdem haben wir Menschen die genetischen Voraussetzungen für das Sprechen und die Fortbewegung auf zwei Beinen.

Später werden wir dann jedoch damit konfrontiert, Fertigkeiten zu erlernen, für die es kein unterstützendes Umfeld gibt,

Fertigkeiten, für deren Ausübung wir genetisch nicht so gut ausgerüstet sind. Schließlich gab es in der frühen Entwicklungsphase des Homo sapiens weder Düsenflugzeuge noch Konzertflügel. Je älter wir werden, desto mehr müssen wir den Zugang, die Türen zu den Räumen der Meisterschaft selbst finden. In den Kapiteln 5 bis 9 beschreibe ich fünf Prinzipien, mit denen sich diese Türen öffnen lassen.

5
Das erste Prinzip: Unterweisung

Es gibt einige Fertigkeiten, die man sich selbst beibringen kann, und andere, bei denen man versuchen kann, sie allein zu erlernen; aber wer vorhat, sich auf den Weg des Meisters zu begeben, tut gut daran, sich einen erstklassigen Lehrer zu suchen. Der Autodidakt beschreitet einen unsicheren Weg, der gewiß auch Vorteile hat: Man genießt die Freiheit, nicht zu wissen, was *nicht* möglich ist; es kann sein, daß man durch ein fruchtbares Gebiet wandert, das bis dahin von den maßgebenden Entdeckern ignoriert wurde. Einige Autodidakten waren erfolgreich, darunter Edison und Buckminster Fuller. Aber die meisten von ihnen haben ihr Leben damit zugebracht, das Rad neu zu erfinden, und sich dann geweigert einzusehen, daß ihre Version nicht wirklich rund ist. Selbst diejenigen, die eines Tages die herkömmlichen Denkmodelle umstürzen werden, müssen erst wissen, was es eigentlich ist, das sie umstürzen wollen.

Unterweisung kann in vielen Formen geschehen. Für die Meisterung nahezu aller Fertigkeiten kann einem nichts Besseres passieren, als sich in die Hände eines Meisterlehrers zu begeben, entweder ganz individuell oder in einer Gruppe. Darüber hinaus stehen Bücher, Filme, Kassetten, Computerlernprogramme, computerisierte Simulatoren (zum Beispiel Flugsimulatoren), Gruppenunterricht, Schulen, erfahrene Freunde, Berater, Geschäftspartner und selbst «die Straße» zur Verfügung. Dennoch setzt immer noch der einzelne Lehrer oder Trainer den Maßstab für jede Form der Unterweisung, den ersten und hellsten Leitstern auf dem Weg zur Meisterschaft.

Die Suche nach der richtigen Unterweisung beginnt damit, sich die Referenzen und den «Stammbaum» des Lehrers anzusehen. Wer war der Lehrer Ihres Lehrers? Wer war dessen

Lehrer? – und so weiter, zurück bis in die Zeitlosigkeit, in der sich das individuelle Sein in den Mythen um den Anbeginn der Zeit auflöst... Diese Fragen mögen uns merkwürdig erscheinen, wo wir doch meist kaum etwas über unsere eigene Abstammung wissen. Dennoch sind es gute Fragen. Übrigens haben selbst Kassetten, Bücher und Computerlernprogramme einen Stammbaum.

Der Respekt gegenüber Referenzen sollte Sie jedoch nicht für andere Erwägungen blind machen. Der Meister, der sich als Schwarzgurtträger des 8. Dan in einer Kampfkunst, eines 9. Dan in einer anderen ausgibt und angeblich in beiden Disziplinen Weltmeister im Mittelgewicht ist, kann trotzdem ein schlechter Lehrer sein. Vielleicht wird aus John McEnroe später einmal ein ausgezeichneter Tennislehrer, aber vielleicht auch nicht. Die Unterrichtsmethoden eines Nobelpreisträgers könnten für den Verstand eines jungen Physikers Gift sein. Für einen Spitzensportler oder begnadeten Künstler liegt eine ganz besondere Herausforderung darin, auch ein erstklassiger Lehrer zu werden. Dafür muß man jedoch eine gewisse Bescheidenheit besitzen, denn es ist die wohl höchste Form der Unterweisung, wenn Lehrer sich darüber freuen, von ihren Schülern übertroffen zu werden. Bela Karole hätte große Schwierigkeiten, die Bewegungen auszuführen, die er den Kunstturnerinnen Nadia Comaneci aus Rumänien und Mary Lou Retton aus den Vereinigten Staaten beigebracht hat.

Um den Lehrer klar einzustufen, sollten Sie sich die Schüler anschauen, denn sie sind seine Schöpfungen. Wenn es irgend möglich ist, sollten Sie sich eine Unterrichtsstunde ansehen, bevor Sie sich für einen Lehrer entscheiden. Konzentrieren Sie sich auf die Schüler oder, noch besser, darauf, wie diese miteinander umgehen. Macht der Lehrer von Lob oder Tadel Gebrauch? Es gibt eine Gattung von Lehrern, die oft in Mythen, aber manchmal auch in der Wirklichkeit verherrlicht wird und die berühmt dafür ist, nur das absolut notwendige Maß an Lob auszuteilen. Wenn diese Lehrmethode überhaupt

Erfolg hat, dann nur aufgrund eines ökonomischen Prinzips, das darauf beruht, daß, wenn Lob so selten ist, selbst ein widerwillig zustimmendes Nicken eine sehr motivierende Wirkung hat. Was dagegen keinen Erfolg hat – auch wenn eine gewisse machohafte Haltung es gerne so hätte –, sind Spott, Vorwürfe oder Demütigungen – demnach alles, was das Selbstvertrauen und das Selbstwertgefühl der Schüler zerstört. Selbst ein Lehrer, der mit seinem Lob geizt, muß auf irgendeine Weise Respekt vor dem Schüler zeigen, um langfristig positive Resultate zu erzielen. Die besten Lehrer bemühen sich darum, genauso oft auf das hinzuweisen, was der Schüler richtig macht, wie auf das, was er falsch macht. Dies war auch die Methode von John Wooden, Trainer an der Universität von Kalifornien in Los Angeles (UCLA) und dem wahrscheinlich größten Basketballmentor aller Zeiten; er wendete sie im Lauf seiner langen, erfolgreichen Karriere an. Wooden gelang es, ein ungefähr gleichwertiges Verhältnis von Ermutigung und Verstärkung auf der einen und Kritik und Verbesserungsvorschlägen auf der anderen Seite aufrechtzuerhalten. Beides teilte er mit der gleichen Begeisterung mit.

Sehen Sie sich also die Schüler und ihren Umgang miteinander an. Bekommen die Talentierteren, die fortgeschrittenen Schüler die gesamte Aufmerksamkeit? Was ist mit den weniger Begabten, den Anfängern? Vielleicht möchten Sie einen Lehrer, der sich nur mit den Besten wohl fühlt, mit den potentiellen Gewinnern. Natürlich gibt es solche Lehrer, und sie erfüllen auch eine nützliche Funktion, aber für mich liegt die wahre Kunst eines Lehrers in der Fähigkeit, effektiv und voller Enthusiasmus mit Anfängern zu arbeiten und denjenigen ein Führer auf dem Weg zur Meisterschaft zu sein, die weder so schnell noch so begabt sind wie der Durchschnitt. Man könnte das als Altruismus bezeichnen, aber es geht darüber hinaus. Einen Anfänger auf den ersten, zögerlichen geistigen und körperlichen Schritten beim Erlernen einer neuen Fertigkeit zu begleiten, erlaubt dem Lehrer, nicht nur in die innere Struktur dieser Fertigkeit Eingang zu finden, sondern auch in den Prozeß der Meisterschaft selbst. Wissen, Können, Technik und Referenzen sind wichtig, aber ohne das Maß an Geduld und Empathie, das man benötigt, um Anfänger zu unterrichten, sind sie nicht viel wert.

Der beste Lehrer, der schlechteste Lehrer

Es war auf dem Höhepunkt des Krieges, der den gesamten Erdball erfaßt hatte, als ich mich zum ersten Mal in der Rolle eines Lehrers wiederfand. Die sechs Besten der Klasse 44-C der Flugschule von Turner Field in Albany, Georgia – frischgebackene Leutnants mit dem silbernen Pilotenabzeichen – wurden zurückbehalten und zu Fluglehrern ernannt, während die anderen 304 Absolventen in den Krieg geschickt wurden. Wir sechs waren äußerst unzufrieden mit unserer Aufgabe und hatten den brennenden Wunsch, sofort in den Krieg zu ziehen – ein Wunsch, dem an unseren freien Abenden nach ein paar Drinks im Offizierskasino in endlosen Gefühlsduseleien Ausdruck verliehen wurde. Ich war damals zwanzig, und die anderen fünf neuen Lehrer waren etwa im gleichen Alter.

Trotz unserer mangelnden Erfahrung teilte man uns im März 1944 Flugschüler zu und befahl uns ohne jedes weitere Training, ihnen das Fliegen der B-25 beizubringen, einem damaligen Mittelstreckenbomber. Die Invasion der Festung Europa stand vor der Tür, und der Krieg im Pazifik sollte allen Voraussagen gemäß noch Jahre dauern. Piloten mußten ebenso wie die Flugzeuge, die sie fliegen sollten, zu Zehntausenden «produziert» werden. Raum für solche Annehmlichkeiten wie strenge Sicherheitsvorschriften gab es dabei anscheinend nicht.

Die Flugbedingungen hätten in Friedenszeiten einen größeren Skandal ausgelöst. Selbst in den dunkelsten Nächten, in denen schwere Gewitter angekündigt waren, drängten sich am

Ende jeder Unterrichtsstunde um die hundert B-25 auf dem Flugfeld. So etwas wie eine Radarkontrolle gab es nicht, unser Leben hing von unserer Sehschärfe, unseren Fähigkeiten zu fliegen und von schnellen Reflexen ab. Im Sommer 1944 stürzten infolge zweier spektakulärer Zusammenstöße in der Luft vier Flugzeuge ab. Ihre Besatzungen, Lehrer und Kadetten, kamen dabei ums Leben. Die Unglücke gerieten niemals in die Schlagzeilen. Es war weder Zeit für Mitgefühl, noch erhielt jemand eine zweite Chance. Schüler, die nicht gut genug waren, wurden wie Ausschußware vom Fließband einfach weggeworfen.

Die sechs Monate, die ich in Turner Field verbrachte, stellten sich als größere und gefährlichere Herausforderung dar als die Kampfeinsätze im Südpazifik, die ihnen folgen sollten. Nach 600 Flugstunden als Fluglehrer unter anstrengendsten Bedingungen hatte ich das sichere Gefühl, das Fliegen gemeistert zu haben. Dieses Gefühl hat mich niemals verlassen.

Und meine Schüler? Nun, das ist eine andere Geschichte.

Anders als im Fernsehen gestattet uns die Zeit keine Wiederholungen in Zeitlupe. Aber mir bleiben nach all diesen Jahren kristallklare Erinnerungen an außergewöhnlich weiße Wolken, die über dunkelgrünen Baumwoll- und Maisfeldern dahinzogen, an das aufdringliche Motorengeräusch, das schließlich aufhörte zu existieren, an rauchende Motoren und versagende hydraulische Systeme, an verbotene Flüge über dem Atlantik, auf denen wir schwindelerregende Verfolgungsjagden veranstalteten, während es unseren Schülern den Atem verschlug. Doch am stärksten ist mir eine moralische Lehre aus dieser Zeit in Erinnerung geblieben, eine Lehre über das Lehren, in der ich die Hauptrolle spielte. Es gibt nichts, was ich tun könnte, um es zu ändern. Ich war der beste Lehrer, und ich war der schlechteste Lehrer. Das erstere kann das letztere nicht rechtfertigen.

Jedem von uns waren vier Schüler zugeteilt worden, die wir durch die ganzen zwei Monate des Fortgeschrittenen-Trainings hindurch begleiten sollten. Ich merkte schnell, daß zwei meiner Flugschüler – die Kadetten Stull und Thatcher – ziemlich begabt waren. Die anderen beiden – ich will sie Brewster und Edmundson nennen – waren bestenfalls Durchschnitt. Wegen dieses Unterschiedes beschloß ich, Stull und Thatcher als Paar zusammenzulassen. Ich würde keinen der beiden je mit einem anderen fliegen lassen. So waren sie vor dem schlechten Einfluß Minderbegabter sicher, und ich konnte sie in eine Art des Fliegens einführen, die ein anderer Lehrer und ich noch in unserer Zeit als Kadetten entwickelt hatten. Wir nannten sie das «Höchstleistungsprinzip»; das bedeutete, daß wir jederzeit so perfekt wie möglich fliegen würden, selbst wenn es die Vorschriften nicht erforderten und selbst wenn es niemand sah.

Also stellte ich Leistungsanforderungen an Stull und Thatcher, die etwa zehnmal so streng wie die Norm waren. Üblicherweise haben Piloten, die mit Hilfe ihrer Instrumente fliegen, eine Toleranz von etwa 70 Metern ober- und unterhalb ihrer vorgeschriebenen Flughöhe. Ich erlaubte Stull und Thatcher aber nur eine Abweichung von 7 Metern und bestand darauf, daß sie ihren Kreiselkompaß ständig exakt ausgerichtet hielten. Ich brachte ihnen bei, selbst auf einer Landebahn von drei Kilometern Länge auf den ersten dreißig Metern zu landen.

Ich gab Stull und Thatcher mein Bestes, und sie reagierten darauf so, wie ich es erhofft hatte. Obwohl ich sie nie mit anderen Kadetten fliegen ließ, mußten sie Vergleiche gezogen und herausbekommen haben, was ich vorhatte. Manchmal, wenn ich mit völlig ernster Miene eine besonders unmögliche Leistung von ihnen verlangte, konnten sie ihr Grinsen nicht länger unterdrücken. Und nach den ersten Wochen konnte auch ich nicht mehr verhindern, daß ich grinsen mußte. Wir waren durch das Höchstleistungsprinzip wie bei einer aufregenden Verschwörung miteinander verbunden. An den Tagen, an denen ich mit ihnen fliegen sollte, spürte ich schon beim Aufwachen ein Gefühl der Aufregung und Vorfreude.

Ich kann Stull und Thatcher noch heute mit unglaublicher Klarheit sehen: der eine im Pilotensitz, der andere dahinter, wie er sich nach vorne lehnt, um wieder einmal einen perfekten Landeanflug und dann die ebenso perfekte Landung mitzuerleben. Das reine, prophetische Licht einer anderen Zeit scheint noch immer durch die Plexiglaskuppel – die sich auftürmenden Wolken, das unglaubliche Blau des Himmels –, und die Gesichter der beiden Kadetten leuchten aus dem unvergleichlichen Glücksgefühl heraus, das entsteht, wenn man sich auf den Weg des Meisters macht.

Und nun folgt der unangenehmere Teil dieser Geschichte.

Nach den ersten Flügen mit den beiden Kadetten, die ich hier Brewster und Edmundson nenne, verlor ich einfach das Interesse an ihnen. Ich war zu jung, zu arrogant in dem Bewußtsein, mich dem Höchstleistungsprinzip verschrieben zu haben, um ihre recht unbeholfenen Versuche, die B-25 zu fliegen, ertragen zu können. Brewster sah aristokratisch aus, war schlank und schüchtern; Edmundson war von kräftigem Körperbau und selbstbewußt – er war der Komiker der Schwadron. Auf einem Flug hatte ich den Eindruck, er hätte sich über mich lustig gemacht. Daraufhin übernahm ich das Kommando, kletterte auf 3000 Meter Höhe und führte Flugmanöver durch, für die das Flugzeug eigentlich nicht gedacht war. Edmundson und Brewster waren hinterher bleich und zitterten.

Ich tat nur das absolute Minimum. Ab und zu bemühte ich mich, sie weiterzubringen, wollte herausfinden, was ihren Fortschritt behinderte, wie sie ihr Potential entfalten könnten. Aber meine Begeisterung war immer nur kurzlebig. Wenn Edmundson wieder einmal besonders ungeschickt mit dem Steuerknüppel hantiert oder Brewster erneut zu lang gezögert hatte, schüttelte ich voller Verzweiflung und Abscheu meinen Kopf, sackte in meinem Sitz in mich zusammen oder übernahm wortlos das Steuer, um ihnen zu zeigen, wie das Manöver hätte aussehen sollen.

Letzten Endes schafften Brewster und Edmundson wie auch Stull und Thatcher die Abschlußprüfung, aber nur haarscharf. Nach dem Krieg lief mir auf einer Tanzveranstaltung in Atlanta zufällig Brewster über den Weg. Der Groll, den er mir gegenüber hegte, war stärker als seine Schüchternheit, und er nutzte die Gelegenheit, um mir unmißverständlich klarzumachen, wie er über seine Erfahrungen mit mir dachte. Mir fiel keine angemessene Antwort ein. Bereits lange zuvor hatte ich begonnen, mich wegen der Art und Weise, wie ich meinen ersten Auftrag als Lehrer ausgeführt hatte, schuldig zu fühlen. Nie wieder teilte ich meine Schüler so ein wie beim ersten Mal. Ich trainierte noch zwei Gruppen, bevor ich meine ersten Kampfeinsätze flog, erfuhr aber weder die Begeisterung, die ich bei Stull und Thatcher verspürt hatte, noch die Verzweiflung wie mit Brewster und Edmundson. Ich bemühte mich, meine Ungeduld im Zaum zu halten, um das Beste aus den langsamer lernenden Schülern herausholen zu können. Und dennoch war es meine ständige Besessenheit, der Gedanke an das Höchstleistungsprinzip, verbunden mit meinem jugendlichen Extremismus, die verhinderten, daß ich den weniger Begabten mein Bestes gab.

Die Magie, Anfänger zu unterrichten

Viele Jahre später fand ich mich erneut in der Rolle des Lehrers wieder, aber diesmal in einer Kunst, die weitaus subtiler und komplizierter als das Fliegen und auch schwieriger zu erlernen ist. Ich war 47, als mich ein Freund einlud, an der Aikido-Klasse teilzunehmen, die er organisiert hatte. Ich hatte noch nie etwas von Aikido gehört oder mir gar träumen lassen, daß ich ein Kampfkünstler werden würde. Das war vor zwanzig Jahren, und heute kann ich sagen, daß das Üben von Aikido die zweitwichtigste Erfahrung meines Lebens gewesen ist. Die wichtigste ist das Unterrichten von Aikido gewesen.

Schon bevor ich meinen ersten Schwarzgurt bekam, hatte mich mein Lehrer als Assistent eingeteilt. Ich sollte den Anfängern die Grundlagen der Kunst beibringen. Sechs Jahre später, im Oktober 1976, kurz nachdem wir unsere Schwarzgurte erhalten hatten, eröffneten zwei meiner Aikido-Freunde und ich unser eigenes Dojo. Trotz der eher fragwürdigen Anfänge (es ist nicht üblich, daß frischgebackene Schwarzgurte ihre eigene Schule eröffnen) ist aus *Aikido of Tamalpais* ein angesehenes und erfolgreiches Dojo geworden. Wir drei Gründer haben unsere Fähigkeiten weiterentwickelt und höhere Ränge erhalten. Von den Tausenden von Schülern, die über unterschiedlich lange Zeiträume hinweg an unserer Schule trainiert haben, sind 28 zu Schwarzgurtträgern geworden – eine nicht unbeachtliche Zahl in einer schwierigen Kunst, in der es nicht leicht ist, einen Rang zu erwerben.

Ich würde jetzt gerne behaupten, daß ich die Kunst, Anfänger und langsamer Lernende zu unterrichten, gemeistert habe. Aber das wäre nicht wahr, ich muß noch weiter daran arbeiten. Ich höre aufmerksam zu, wenn mir Wendy Palmer, meine Partnerin, erzählt, daß es nicht nur faszinierend ist, Schüler mit einer weniger schnellen Auffassungsgabe zu unterrichten, sondern daß es auch Spaß macht. Ihrer Meinung nach lernt der begabte Schüler so schnell, daß er kleine Schritte im Lernprozeß überspringt und so eine undurchsichtige Oberfläche schafft, unter der sich die Geheimnisse der Kunst verbergen. Beim langsamer lernenden Schüler hingegen wird der Lehrer gezwungen, sich mit kleinen, aufeinander aufbauenden Schritten zu befassen, die wie Röntgenstrahlen zum Kern der Kunst durchdringen und den Prozeß enthüllen, durch den sich die Kunst in der Bewegung manifestiert.

Allmählich wurde mir dieses Geheimnis offenbart. Zum einen hat mir meine Erfahrung als Lehrer gezeigt, daß aus den begabtesten Schülern nicht unbedingt die besten Kampfkünstler werden. Sonderbarerweise haben die, die außergewöhnlich talentiert sind, oftmals Schwierigkeiten, auf dem Weg des

Meisters zu bleiben. 1987 führten meine Kollegen von der Zeitschrift *Esquire* und ich eine Reihe von Interviews mit Sportlern durch, die auf ihrem Gebiet als Meister bezeichnet werden könnten, und fanden dieses Paradoxon bestätigt. Rod Carew sagte: «Ich habe schon etliche Baseballspieler mit einer natürlichen Begabung gesehen, die einfach nicht an sich arbeiten wollten. Die waren schnell wieder weg. Ich habe andere gesehen, die so gut wie kein Talent mitbrachten und noch nach vierzehn oder fünfzehn Jahren ganz oben waren.»

Gutes Pferd, schlechtes Pferd

In seinem Buch *Zen-Geist, Anfänger-Geist* beschreibt der Zen-Meister Shunryu Suzuki das Problem der schnell und langsam Lernenden anhand einer Parabel über Pferde.

«In unseren Schriften ... wird gesagt, daß es vier Arten von Pferden gibt: ausgezeichnete, gute, mangelhafte und schlechte. Das beste Pferd wird ganz nach dem Willen seines Lenkers langsam und schnell, nach rechts und nach links laufen, ehe es den Schatten der Peitsche sieht. Das zweitbeste wird ebensogut laufen wie das erste, gerade bevor die Peitsche die Haut berührt. Das dritte wird laufen, wenn es den Schmerz an seinem Körper fühlt. Das vierte wird laufen, nachdem der Schmerz bis zu dem Mark seiner Knochen hindurchgedrungen ist. Ihr könnt euch vorstellen, wie schwierig es für das vierte Pferd ist, zu lernen, wie zu laufen ist.

Wenn wir diese Geschichte hören, möchten wohl die meisten von uns das beste Pferd sein. Wenn es nicht möglich ist, das beste zu sein, möchten wir das zweitbeste sein.»* Aber das ist ein Fehler, meinte Meister Suzuki. Wenn man zu leicht lernt,

* Shunryu Suzuki: *Zen-Geist, Anfänger-Geist,* S. 39, Theseus-Verlag, Zürich/München 1975

unterliegt man der Versuchung, weniger hart zu arbeiten, nicht bis ins Mark der Übung vorzudringen.

«Wenn ihr Kalligraphie studiert, werdet ihr merken, daß diejenigen, die nicht so begabt sind, gewöhnlich die besten Kalligraphen werden. Diejenigen, die mit ihren Händen sehr begabt sind, erfahren oft große Schwierigkeiten, nachdem sie eine gewisse Leistungsstufe erreicht haben. Dies gilt ebenso in der Kunst und im Zen. Es ist wahr im Leben.»* Laut Suzuki kann es sich herausstellen, daß das beste Pferd im Grunde genommen das schlechteste ist. Und das schlechteste könnte das beste werden, denn wenn es durchhält, wird es das, was es übt, bis aufs Mark gelernt haben.

Suzukis Parabel von den vier Pferden hat mich, seit ich sie zum ersten Mal gehört habe, nie wieder losgelassen. Denn unter anderem spiegelt sie eine deutliche Herausforderung wider, der sich ein Mensch mit einer außergewöhnlichen Begabung gegenübersieht: Um sein volles Potential zu verwirklichen, muß dieser Mensch genauso hart arbeiten wie andere, die über weniger Talent verfügen. Anhand dieser Parabel wurde mir klar, daß ich als Lehrer schnell lernender Schüler das erste oder zweite Pferd bin, als Lehrer langsam lernender Schüler jedoch das dritte oder vierte. Aber dennoch gibt es Hoffnung. Wenn ich mich weiterhin bemühe und meine Anstrengungen darauf richte, den Brewsters und Edmundsons, die unsere Aikido-Schule besuchen, in ihrer Entwicklung zu helfen, dann werde ich eines Tages diesen Aspekt des Lehrens bis ins Mark hinein kennen.

Wenn Sie sich deshalb nach einem Lehrer umsehen – gleich, in welcher Fertigkeit oder Kunst – und einen finden, der nach Höchstleistungen strebt, so kosten Sie dies für einen Moment aus. Aber achten Sie dann darauf, daß er oder sie auch dem langsamsten Schüler seine volle Aufmerksamkeit schenkt.

* Ebenda, S. 40

Verschiedene Formen der Unterweisung

Wie sieht es nun mit anderen Unterrichtsformen aus? Audio- und Videokassetten haben im allgemeinen nur eine begrenzte Wirksamkeit. Schließlich ist der Lernprozeß verbunden mit einer Interaktion zwischen dem Lernenden und dem Umfeld, in dem das Lernen stattfindet, und die Effektivität des Lernprozesses hängt von der Häufigkeit, Qualität, Vielseitigkeit und Intensität dieser Interaktion ab. Bei der Verwendung von Kassetten findet überhaupt keine Interaktion statt – die Information fließt nur in eine Richtung. Eine Videokassette kann Ihnen zwar den perfekten Golfschlag zeigen, den Sie dann nachahmen können – was besser ist als nichts –, aber die Kassette kann Sie nicht beobachten und Ihnen sagen, wie gut Sie das Vorbild nachahmen. Immerhin kann eine Videokassette mit der Fernbedienung leicht angehalten, zurückgespult, wiederholt und manchmal auch in Zeitlupe abgespielt werden, wodurch dieses Medium einen Vorteil gegenüber Lehrfilmen oder Fernsehprogrammen besitzt, die ungeachtet des Fortschritts oder Verständnisses des Lernenden in gleichmäßigem Tempo weiterlaufen.

Ein Buch kann man im eigenen Rhythmus lesen, man kann es überallhin mitnehmen und hat es schnell zur Hand. Aber wie bei den Kassetten besteht keine Möglichkeit des Feedbacks. Und dennoch – trotz der Wunder des Computer-Zeitalters – bleibt das Buch eines der wichtigsten Medien im Lernprozeß, besonders, wenn es um überwiegend kognitive Fertigkeiten geht. Wenn ein Bild tausend Worte aufwiegt, dann wiegt ein Film wahrscheinlich zehntausend Worte auf. Aber es ist auch richtig, daß ein einziger guter Absatz einen Menschen oder die Welt stärker verändern kann als alle Bilder zusammen.

Unglücklicherweise ist das typische Klassenzimmer oder der übliche Seminarraum kein sehr geeigneter Ort zum Lernen. Die Methode des Frontalunterrichts, bei der ein Lehrer vor 20 bis 35 Schülern sitzt oder steht, dient vorwiegend administrativen

Zwecken und ist dazu gedacht, die Flut der Schüler, die durch das System der Massenerziehung hindurchgleiten, übersichtlich zu halten. Es ist traurig, daß sich in den letzten hundert Jahren nahezu jeder Aspekt unseres gesellschaftlichen Lebens – Industrie, Verkehr, Kommunikation, Rechnungswesen, Unterhaltung – fast bis zur Unkenntlichkeit verändert hat, daß aber unsere Schulen im Grunde gleich geblieben sind.

Sehen Sie sich um. Das typische Bild ist, daß eine Lehrerin dieselbe Information im selben Tempo an eine Gruppe überwiegend passiver Schüler weitergibt, ungeachtet ihrer individuellen Fähigkeiten, ihres kulturellen Umfelds oder Lernstils. Ich habe ausführlich über dieses Thema und auch darüber geschrieben, welche Art von Reform diese Situation mit Hilfe einer Selbstbestimmung des Lerntempos und einer Individualisierung, die Computer und andere neue Unterrichtsformen bieten, beheben könnte. Ich bin mir sicher, daß in spätestens zehn bis fünfzehn Jahren eine so oder ähnlich geartete Reform des Schulwesens stattfinden muß.

Unterdessen gibt es immer noch gute und schlechte Lehrer. Ich bin im Laufe von Hunderten von Besuchen verschiedener Schulen zu der Überzeugung gelangt, daß Lehrer, die trotz des gegenwärtigen Systems einen effektiven Unterrichtsstil finden, ohne Zweifel Meister sein müssen. Dabei gehören sie nicht unbedingt zu denen, die die brillantesten Vorträge halten, sondern sind Menschen, die entdeckt haben, wie sie jeden einzelnen Schüler aktiv am Lernprozeß beteiligen können. Ein mehrfach ausgezeichneter Mathematiker an einer großen Universität war dafür bekannt, daß er absichtlich kleine Fehler machte, wenn er Formeln an die Tafel schrieb. Die Studenten waren hellwach und wetteiferten miteinander, als erste den Fehler zu entdecken und nach vorne zu stürmen, um den Professor zu korrigieren – der wahrhaft ein Meister in der Kunst der Unterweisung war.

Wenn die Zeit des Abschieds kommt

Wer einen solchen Lehrer findet – besonders am Anfang des Lernprozesses –, kann sich glücklich schätzen. Schüler und Studenten hingegen haben oftmals keine Wahlmöglichkeit. Aber selbst diejenigen unter uns, die wählen können, treffen häufig schlechte Entscheidungen. Wenn Sie bei einem Lehrer landen, der irgendwie nicht richtig für Sie zu sein scheint, wenden Sie sich als erstes nach innen. Vielleicht erwarten Sie mehr, als ein Lehrer Ihnen geben kann. Lehrer können jedoch ebenso wie Schüler faul, übertrieben zielorientiert oder gleichgültig sein, psychologische Spielchen spielen oder einfach unfähig sein. Es ist wichtig, den richtigen inneren Abstand zu wahren. Hält man einen zu großen Abstand, besteht keine Möglichkeit zur Hingabe, die Teil des Weges der Meisterschaft ist (siehe Kapitel 7); kommt man sich jedoch zu nahe, so verliert man jeglichen Überblick und wird zum Jünger statt zum Schüler. Die Verantwortung für eine ausgewogene Beziehung liegt gleichermaßen beim Schüler wie beim Lehrer. Sollte es zu unlösbaren Problemen kommen, ist es gut, sich daran zu erinnern, daß ein weiser Mensch erkennt, wann es an der Zeit ist, Abschied zu nehmen.

Denken Sie daran, daß der Lernprozeß auf dem Weg des Meisters niemals endet. Der große japanische Schwertmeister Yamaoka Tesshu beschrieb es so:

> Glaube nicht,
> daß dies schon alles ist.
> Es gibt noch viele wunderbare Lehren –
> das Schwert ist unergründlich.

6
Das zweite Prinzip: Übung

Es gibt einen alten Witz, den ich an dieser Stelle erzählen möchte: Ein Paar aus Texas hat sich auf dem Weg zu einem Konzert in New York verfahren. Sie halten erschöpft an und fragen einen älteren, bärtigen Mann: «Wie kommt man denn bloß zur Carnegie Hall?» – «Üben», sagt er.

Die Bedeutung des Wortes *Übung* ist klar. Übung macht den Meister, man übt auf der Trompete, man übt seine Tanzschritte ein, man übt das Einmaleins, man übt seinen Kampfeinsatz. Übung in diesem Sinne ist etwas, was sich vom Rest des Lebens abhebt. Man übt, um eine bestimmte Fertigkeit zu erlangen, um sich selbst zu verbessern, um weiterzukommen, Ziele zu erreichen, Geld zu verdienen. Diese Auffassung von Übung ist in unserer Gesellschaft von Nutzen. So gesehen muß man üben, wenn man in die Carnegie Hall will.

Für jemanden, der sich auf dem Weg des Meisters befindet, wird Übung im Sinne von Praxis nicht als etwas verstanden, das man *tut*, sondern als etwas, das man *hat*, als etwas, das man *ist*. In dieser Bedeutung ähnelt sie dem chinesischen Wort *Tao* und dem davon abgeleiteten japanischen Wort *Do*, die beide wörtlich *Weg* oder *Pfad* bedeuten. So gesehen ist Übung der Weg, auf dem man geht – nichts weiter.

Übung als Praxis kann alles sein, was man regelmäßig als einen wesentlichen Bestandteil seines Lebens ausübt – nicht, um etwas zu erreichen, sondern um seiner selbst willen. Das kann eine Sportart sein oder eine Kampfkunst, das kann Gartenarbeit sein oder Bridge, Yoga, Meditation oder freiwillige Arbeit im sozialen Bereich. Ein Arzt praktiziert Medizin und ein Anwalt Recht, und beide haben eine Praxis. Aber wenn diese Praxis nur aus einer Ansammlung von Patienten oder Klienten besteht, wenn sie nur dem Geldverdienen dient, ist es nicht die Praxis eines Meisters. Der Meister nimmt die Belohnungen gerne an, die am Wegesrand auf ihn warten, aber sie sind nicht der Hauptgrund für seine Reise. Letztendlich sind der Meister und der Weg des Meisters eins. Und wenn derjenige, der sich auf dem Weg befindet, Glück hat, das heißt, wenn der Weg komplex und unergründlich genug ist, so liegt das Ziel immer drei Kilometer weiter entfernt als die Wegstrecke, die er soeben zurückgelegt hat.

In einem unserer Seminare fragte eine Teilnehmerin meine Frau Annie, warum sie noch immer Aikido-Unterricht nehme. «Ich dachte, Sie hätten schon Ihren Schwarzgurt», sagte sie. Annie brauchte ein paar Minuten, um ihr zu erklären, daß ein Schwarzgurt nur ein weiterer Schritt auf einem endlosen Weg ist, eine Erlaubnis, bis zum Ende des Lebens weiterzulernen.

«Es spielt keine Rolle, wie man Tore schießt, Hauptsache, man schießt sie!» «Ich will gar nicht hören, wie Sie ihm die Idee verkaufen, Hauptsache, Sie verkaufen sie!» «Gewinnen ist nicht alles, es ist das einzige!» In einer Gesellschaft, die solche Sprüche hervorbringt und besessen davon ist, Ziele zu erreichen, scheint die Idee des ziellosen Weges unverständlich oder gar absonderlich zu sein. Aber hinter den Schlagzeilen der Sport- und Wirtschaftszeitungen existiert eine höhere Wirklichkeit. Der Meister verwendet zwar das Vokabular des Erfolgs (wer würde angesichts der heutigen Pressestimmen etwas anderem überhaupt Aufmerksamkeit schenken?), aber insgeheim genießt er die Spiele, die mit herrlichen Überraschungen und unerwarteten Wendungen aufwarten, die überragenden Spiele, bei denen die Entscheidung in der letzten Minute fällt – unabhängig davon, wer gewinnt.

Ein weiteres Geheimnis liegt darin, daß die Menschen, die wir als Meister bezeichnen, sich nicht ihrem speziellen Gebiet widmen, um es einfach besser zu beherrschen. In Wahrheit lieben sie die Übung, und aus diesem Grunde werden sie besser. Und der Kreis schließt sich, denn sie wiederholen die Grundtechniken um so lieber, je besser sie sie beherrschen. Die Anfänger in unseren Aikido-Grundklassen machen eine einfache Bewegung vielleicht acht oder zehn Mal, dann schauen sie sich unruhig nach etwas Neuem um, das sie ablenken könnte. Schwarzgurte, die an diesen Klassen teilnehmen, haben das nötige Verständnis und die Erfahrung – das Gespür –, um die Feinheiten und endlosen Möglichkeiten auch der grundlegendsten Technik zu genießen. Ich erinnere mich an eine Klasse, die vor Jahren stattfand, als ich noch ein Braungurt war, einen Rang vom Schwarzgurt entfernt. Unser Lehrer zeigte uns eine Technik, die Shiho nage (Vier-Richtungs-Wurf) heißt, und ließ uns zwei Stunden lang nur Variationen dieser einen Technik üben. Nach der ersten halben Stunde fragte ich mich, was wohl als nächstes käme, denn an unserer Schule wurde eine einzelne Technik nur selten so lange geübt. Zum Ende der ersten Stunde hatte ich dann aber einen steten, Trance-ähnlichen Rhythmus gefunden, der all meine Gedanken an Zeit oder Wiederholungen ausgelöscht hatte. Meine Wahrnehmung erweiterte sich dermaßen, daß kaum erkennbare Variationen von einem Wurf zum nächsten immer bedeutsamer und aufschlußreicher wurden. Am Ende der zweiten Stunde wünschte ich mir, daß die Klasse bis Mitternacht weitergehen, daß sie nie aufhören möge.

Auf der Matte bleiben

In den Kampfkünsten gibt es ein Sprichwort, das besagt, daß derjenige ein Meister ist, der jeden Tag fünf Minuten länger auf der Matte bleibt als alle anderen. Das trifft aber nicht nur auf Aikido zu. Im August 1988 besuchte ich das Trainingslager der Seattle Seahawks*. Als das morgendliche Training beendet war,

* Eine der führenden Football-Mannschaften der nordamerikanischen NFL (National Football League)

liefen alle Spieler vom Feld in die Umkleidekabinen – das heißt, alle bis auf zwei. Einer der beiden lief los, drehte sich dann plötzlich um, um einen Paß des anderen zu fangen. Immer wieder lief er das gleiche Muster, immer wieder fing er den gleichen Paß. Das Feld war leer, die anderen Spieler waren in der Kabine, duschten sich und zogen sich um, und auch die Trainer und die Zuschauer waren bereits gegangen. Ich blieb am Spielfeldrand stehen und war fasziniert. Wer war dieser unermüdliche Pass-Receiver? Sicherlich einer der neuen Spieler, einer, der sich bemühte, so gut zu werden, daß er in den Kern der Mannschaft aufgenommen würde. Aber nein, es war Steve Largent, nicht nur der beste Pass-Receiver der Seattle Seahawks, sondern der führende Pass-Receiver in der Geschichte der National Football League.

Der Meister eines jeden Spiels ist im allgemeinen auch ein Meister der Übung. Auf dem Höhepunkt seiner Karriere war Larry Bird von den Boston Celtics* wahrscheinlich der vielseitigste Basketballer aller Zeiten. Obwohl er nicht so hoch springen oder so schnell laufen konnte wie viele andere Spieler, wurde er 1980 von der National Basketball Association zum besten neuen Spieler des Jahres gewählt**, zum wertvollsten Spieler bei zwei Meisterschaften und zum wertvollsten Spieler*** der Liga in drei aufeinanderfolgenden Jahren.

Bird begann bereits im Alter von vier Jahren Basketball zu spielen und hörte zu keinem Zeitpunkt mit dem Üben auf. Nachdem die Celtics im Juni 1986 die NBA-Meisterschaft gewonnen hatten, fragten die Reporter ihn, was er als nächstes tun werde. «Es gibt da noch ein paar Dinge, an denen ich arbeiten möchte», soll er gesagt haben. «Nächste Woche fange ich wieder mit dem Training an, zwei Stunden täglich mit

---

* Eine der führenden Basketball-Mannschaften der nordamerikanischen NBA (National Basketball Association)

** National Basketball Association Rookie of the Year 1980

*** MVP (Most Valuable Player)

jeweils mindestens hundert Freiwürfen.» Viele Profispieler machen im Sommer Urlaub, aber nicht so Larry Bird. Als Konditionstraining läuft er die steilsten Hügel rauf und runter, die er finden kann. Zu Hause in French Lick, Indiana, übt er auf einem Asphaltplatz. Während der Saison trainiert er in der Turnhalle des Hellenic College in Brookline. Wenn er auf Reisen ist, übt er in jeder Halle und vor jedem Spiel.

Während seiner Jahre bei den Celtics war er bekannt dafür, daß er ein oder zwei Stunden vor den anderen auf dem Spielfeld war, um seine Würfe zu üben. Manchmal warf er nur so aus Spaß vom Spielfeldrand aus oder von einem Sitz in der ersten Reihe. Natürlich liebt es Larry Bird, zu gewinnen. Doch seinem Agenten Bob Woolf zufolge ist das nicht der Hauptgrund, warum er so eifrig trainiert und so mit dem ganzen Herzen bei der Sache ist. «Er tut das, weil es ihm Spaß macht, und nicht, um Geld zu verdienen, berühmt zu werden oder jemand zu sein. Er liebt es einfach, Basketball zu spielen.»

Besondere Fähigkeiten, auf die man in den Kampfkünsten, dem Sport und Tanz, der Musik und ähnlichen Künsten treffen kann, bieten ausgezeichnete Beispiele für die richtige Einstellung gegenüber der Übung. Darüber hinaus liegt dieses zweite Prinzip der Meisterschaft jedoch einer Vielzahl menschlicher Bemühungen zugrunde. Gute Geschäftspraktiken erfordern es, daß Manager ihren Betrieb ständig auf dem neuesten Stand halten und solch fundamentalen Dingen wie dem Budget, der Auftragsabwicklung und Qualitätskontrolle eine besondere Aufmerksamkeit schenken. Stabile Familien vollziehen ungeachtet der Hetze und der Ablenkungen des Alltags ganz bestimmte Rituale. Das kann zum Beispiel bedeuten, daß alle Familienmitglieder einmal am Tag in Ruhe miteinander essen. Auch Nationen haben ihre Rituale, wie man an den regelmäßig stattfindenden und allseits beliebten Feiertagen sehen kann.

Regelmäßiges Üben, besonders wenn man anscheinend keinen Fortschritt dabei macht, scheint zunächst einmal lästig zu sein. Aber irgendwann kommt der Tag, an dem das Üben zu einem nicht mehr wegzudenkenden Teil des Lebens wird. Man gibt sich der Übung auf die gleiche Weise hin, wie man sich in seinen Lieblingssessel setzt, ohne Gedanken an die Zeit und die Unruhen in der Welt. Diese werden auch morgen noch da sein, sie werden niemals verschwinden.

«Wie lange werde ich brauchen, um Aikido zu beherrschen?» fragt ein angehender Schüler. «Wie lange werden Sie leben?» ist die einzig ehrliche Antwort. Letztendlich ist die Übung der Weg des Meisters. Wenn man diesen Weg lange genug beschreitet, entdeckt man, daß es ein sehr lebendiger Pfad ist, mit Höhen und Tiefen, herausfordernd und tröstlich, überraschend und enttäuschend, voll uneingeschränkter Freude. Auf dieser Reise zieht man sich Beulen und blaue Flecken zu – Beulen am Ego wie auch an Körper, Geist und Seele –, aber sie kann zu dem ruhenden Pol Ihres Lebens werden. Es ist natürlich auch möglich, daß Sie letztendlich in dem von Ihnen gewählten Gebiet Erfolg haben werden, falls Sie das möchten, und daß die Menschen Sie als Meister bezeichnen werden.

Aber darum geht es ja eigentlich nicht. Was ist Meisterschaft? In ihrem innersten Kern ist Meisterschaft Übung. Meisterschaft bedeutet, auf dem Weg weiterzuschreiten.

7
Das dritte Prinzip: Hingabe

Der Mut eines Meisters läßt sich an seiner Bereitschaft messen, sich hinzugeben, aufzugeben. Das bedeutet, sich einem Lehrer und den Anforderungen der gewählten Disziplin auszuliefern. Es bedeutet auch, von Zeit zu Zeit Ihr Können, das Sie sich so schwer erarbeitet haben, loszulassen, um eine höhere oder andere Stufe des Könnens zu erreichen.

Die frühen Phasen eines jeden wichtigen Lernprozesses sind mit dem «Geist des Narren» verwoben (siehe den Epilog). Es ist fast unvermeidlich, daß Sie sich ungeschickt vorkommen, daß Sie tatsächlich oder im übertragenen Sinne auf die Nase fallen. Daran führt kein Weg vorbei. Der Anfänger, der an seiner Würde festhält, wird rigide und wie gepanzert – er kann nichts wirklich aufnehmen. Das heißt nicht, daß Sie Ihre physische Mitte oder moralische Integrität aufgeben oder Lehren, die schlecht für Sie sind, passiv akzeptieren sollen. Aber da Sie sich bereits einen Lehrer ausgesucht haben (siehe Prinzip 1), ist nun die Zeit gekommen, sich auf etwas Neues einzulassen. Wenn Ihr Lehrer Sie also gleich zu Beginn auffordert, einen Finger auf die Nase zu legen und auf einem Bein zu stehen, sollten Sie sich dem hingeben – es sei denn, es existiert ein zwingender Grund, es nicht zu tun. Machen Sie den Versuch!

Letzten Endes bringt das Erlernen einer jeden Fertigkeit ein gewisses Maß an Demütigungen mit sich. Ihre ersten Kopfsprünge werden wahrscheinlich Bauchplatscher werden und die Aufmerksamkeit anderer erregen. Sind Sie bereit, das zu akzeptieren? Wenn nicht, sollten Sie das Turmspringen aufgeben. Das Porträt, das Sie in der ersten Stunde Ihres Kunstunterrichts zeichneten, sah vermutlich mehr einem Ottifanten ähnlich als der Mona Lisa. Hätten Sie deshalb das Malen aufgeben sollen? Und wie steht es mit den zitternden Knien bei den ersten Eislaufversuchen? Und mit dem Sturz auf das Eis mit dem Hintern vorneweg? Niederlagen dieser Art gibt es nicht nur bei Anfängern, sie geschehen sogar bei der Olympiade. Wenn Sie es zu etwas bringen wollen, sollten Sie diese Tatsache akzeptieren.

Und denken Sie auch an die endlosen Wiederholungen, die Quälerei, die Grundtechniken, die immer wieder geübt werden müssen. Nur ein Narr kann sich auf eine Karriere als Musiker einlassen, wo er doch genau weiß, daß er die Tonleitern vielleicht hunderttausendmal wiederholen muß. Für manche Menschen sind allein diese Aussichten schon Grund genug, sich jeder Form der Hingabe zu widersetzen.

Etwa in der Mitte meiner dritten Aikido-Stunde zeigte mein Lehrer uns Tai no henko, die grundlegendste aller Techniken dieser Kunst. Ohne auch nur einen Augenblick nachgedacht zu haben, hörte ich mich selbst sagen: «Das haben wir bereits gemacht.» Diese Bemerkung rief keine Antwort hervor, höchstens ein leicht belustigtes Lächeln. Seitdem habe ich mich endgültig hingegeben und Tai no henko mindestens 50000 Mal geübt.

In Wahrheit liegt die Ursache der Langeweile in der zwanghaften Suche nach etwas Neuem. Doch die wahre Befriedigung läßt sich in der aufmerksamen Wiederholung finden, in der Entdeckung eines unendlichen Reichtums in den feinen Variationen eines vertrauten Themas.

Schwertmeister und Schüler

Die Literatur des Ostens enthält viele Geschichten über Schwertmeister und ihre Schüler. Sie alle folgen etwa dem gleichen Schema: Ein junger Mann hört von einem Schwertmeister, der in einer weit entfernten Provinz lebt. Nach einer langen und anstrengenden Reise klopft er an die Tür des

Meisters und bittet darum, als sein Schüler aufgenommen zu werden. Der Meister knallt ihm die Tür vor der Nase zu. Aber der junge Mann kommt Tag für Tag wieder, setzt sich vor des Meisters Haus und wartet. Ein Jahr vergeht; der Meister gestattet dem jungen Mann widerwillig, ihm im Haus zu helfen, Holz zu hacken, Wasser zu holen. Monate vergehen, vielleicht Jahre. Eines Morgens greift der Meister den jungen Mann ohne jede Warnung von hinten mit einem Bambusschwert an, einem Shinai. Der Meister hat damit begonnen, ihn Aufmerksamkeit zu lehren. Schließlich reicht der Meister dem Schüler ein eigenes Shinai und lehrt ihn die Kunst des Schwertes, der sich der Schüler bereits die ganze Zeit über hingegeben hatte.

Es mag sein, daß eine solche Geschichte keine große Bedeutung in einer Nation hat, in der ein Buch, das verspricht, in zwölf Minuten pro Woche fit zu werden, zum Riesenbestseller wurde. Dennoch wohnt dem Mythos des Schwertmeisters genug Kraft inne, um unsere Kultur zu durchdringen, wenn auch nur in einer amerikanisierten Fassung. Der erste und beste der *Karate-Kid*-Filme verkürzt die Jahre des Mythos zu wenigen Monaten, in denen der Schüler den Zaun des Karate-Meisters streicht und seinen Wagen poliert, statt Holz zu hacken und Wasser zu holen.

Die Hingabe an den Lehrer und an die Grundlagen der Kunst sind aber nur ein Anfang. Es kommt eine Zeit, da es notwendig wird, bestimmte hart erarbeitete Fähigkeiten aufzugeben, um die nächste Stufe zu erklimmen. Das trifft besonders dann zu, wenn man sich mit seinen Fähigkeiten auf einer äußerst vertrauten und angenehmen Ebene befindet. Denken Sie einmal über die folgende Parabel nach: Auf einem Tisch steht eine Flasche Milch in Reichweite, doch Sie halten eine Tasse Milch in der Hand und haben Angst, diese loszulassen, um nach der Flasche zu greifen.

Ihre Angst ist nicht völlig unbegründet. Wenn Sie im Golf einen Durchschnitt von neunzig hatten und ihn auf achtzig oder siebzig verringern möchten, kann es sein, daß Sie selbst die Neunzig eine Zeitlang aufgeben müssen. Es ist möglich, daß Sie Ihre Technik völlig auseinandernehmen müssen, bevor Sie sie wieder neu zusammenfügen können. Das trifft auf beinahe jede Fertigkeit zu.

Jahrelang hatte ich nur so aus Spaß Klavier gespielt und mir ein kleines Jazz-Repertoire in bestimmten Tonarten angeeignet. Wann immer ich über jenen Persönlichkeitstypus schrieb oder sprach, den ich als Phlegmatiker bezeichne, dachte ich an mein Klavierspiel und sagte mir: «Das bin ich!» Vor etwa einem Jahr hatte mich meine Aikido-Partnerin Wendy, eine talentierte Sängerin und Gitarristin, dazu ermutigt, in einer kleinen Jazzgruppe zu spielen. Ich lernte neue Stücke in neuen Tonarten und bemühte mich, besser zu spielen, als ich es mir jemals hatte träumen lassen. Anfangs brach alles zusammen. Was war aus meinem alten, vertrauten Stil geworden? Ich hatte die Tasse losgelassen, aber die Flasche noch nicht ergriffen. Ich war in dem furchterregenden, unsicheren Raum zwischen den verschiedenen Stufen des Könnens ins Schwimmen geraten.

Und genau zu diesem Zeitpunkt ergab sich für uns die Möglichkeit, in einem örtlichen Jazz-Klub zu spielen. Irgend jemand – war ich das? – meinte: «Auf geht's!», und ich sprang aus dem Reich des Phlegmatikers direkt in das Reich des Fanatikers, ohne auch nur einen Zwischenstopp in dem weitaus größeren Reich des Meisters einzulegen. Ich übte so viel, daß ich in meiner rechten Hand eine Sehnenscheidenentzündung bekam und die Hand jedesmal mit Eis kühlen mußte, bevor ich spielte. Irgendwie überstand ich den Auftritt ohne größere Probleme, und nun suche ich, zurück auf der Kriechspur, vorsichtig tastend nach dem Weg des Meisters in dieser Kunst.

Zwei Arten von Könnern

Wie reagieren Sie, wenn Ihnen die Chance geboten wird, Ihr jetziges Können zugunsten höherer oder andersartiger Fähigkeiten aufzugeben? Ich möchte hierzu die Geschichte von zwei Karate-Experten erzählen, die ich Russell und Tony nennen will. Die beiden wollten Aikido lernen und nahmen an einem achtwöchigen Lehrgang teil, in dessen Rahmen fünfmal in der Woche geübt wurde. Meine Aufgabe war es, diese Klasse zu unterrichten.

Russell war klein, drahtig, ein eindringlicher und gelehrter Typ, der immer darum bemüht war, anderen Schülern behilflich zu sein. Er hatte einen akademischen Grad und war Ausbildungsleiter in einer großen Organisation. Außerdem hatte er den ersten Schwarzgurt in Karate. Tonys Erziehung hatte größtenteils auf den Straßen von Jersey City stattgefunden. Er war schon früh mit den Kampfkünsten in Berührung gekommen, hatte jetzt als 31jähriger den vierten Schwarzgurt in Karate und war Inhaber zweier Karate-Schulen.

Vom ersten Augenblick an, als Russell die Matte betrat, zeigte er, daß er ein erfahrener Kampfkünstler war. Seine Aufwärmübungen enthielten mehrere Karate-Techniken, und als er einmal während des Unterrichts aufgefordert wurde, mit einem bestimmten Fauststoß anzugreifen, führte er ihn so aus, wie er es im Karate gelernt hatte. Ein anderes Mal, bei einem Angriff mit beiden Händen, bemerkte ich, daß er sich absichtlich bemühte, den größtmöglichen Abstand zwischen sich und der Person, die er angriff, zu wahren. Ich schlug ihm vor, näher heranzugehen und einfach mit der Angriffsbewegung zu fließen. «Das soll wohl ein Scherz sein», meinte er lachend. Ich erklärte ihm, daß es besser wäre, momentan die Verteidigung außer acht zu lassen, um die Grundtechniken zu verstehen. Später würden wir dann lernen, uns keine Blöße zu geben. Ich konnte beobachten, daß es schwierig für Russell war, sein bisheriges Können loszulassen, und daß er deshalb nicht alles aus dem Aikido-Training herauszuholen vermochte. Nach den ersten vier Wochen war er hinter einige der Schüler zurückgefallen, die noch nie eine der Kampfkünste ausgeübt hatten. Erst dann war er schließlich bereit dazu, sein bisheriges Können loszulassen, und begab sich auf den Weg des Meisters.

Tonys Verhalten war anders. Von Anfang an machte er keine Bewegung, nicht einmal eine kleine Geste, die zeigte, daß er ein Experte in einer anderen Kunst war. Er war ohne einen Hauch von Angeberei und zollte seinen Lehrern mehr Respekt als alle anderen Schüler – und dies trotz seines hohen Rangs. Er bewegte sich mit einer ruhigen Selbstsicherheit und war sich jederzeit bewußt, was um ihn herum vorging. Dazu strahlte er eine machtvolle Präsenz aus, die von jedem anderen Kampfkünstler sofort wahrgenommen werden konnte. Durch die Art und Weise, wie er saß, stand und ging, offenbarte sich Tony als ein Mitreisender auf dem Weg des Meisters.

Am Ende der ersten vier Wochen forderte ich alle Schüler auf, sich an den Mattenrand zu setzen, und bat Tony, uns eine seiner Karate-Kata (eine festgelegte Bewegungsabfolge) zu zeigen. Er verbeugte sich, ging in die Mitte der Matte und atmete einige Augenblicke lang tief ein und aus. Was dann folgte, ließ jeden von uns nach Luft schnappen. Tony führte eine schnelle, tödliche Schlag- und Trittfolge nach der anderen aus, sprang in die Luft, drehte sich und stieß durchdringende Kiai-Schreie aus, während er unsichtbare Gegner aus allen Himmelsrichtungen abwehrte. Dabei bewegte er sich anmutig und schneller, als das Auge fassen konnte. Als er fertig war, verbeugte er sich ein weiteres Mal ganz bescheiden und ging zum Mattenrand zurück, um seinen Platz unter den anderen einzunehmen – der vollkommenste Anfänger von allen.

Vielleicht ist das größte Glück, auf das man auf dem Weg des Meisters hoffen kann – ob Ihre Kunst nun die des Managements oder die der Ehe, des Federballs oder des Balletts ist –, auf jedem Abschnitt des Weges den Geist und das Herz des Anfängers zu kultivieren. Für den Meister bedeutet Hingabe, daß es keine Könner gibt, sondern nur Lernende.

8
Das vierte Prinzip: Intention

In dem Begriff «Intention» vereinigen sich alte Worte mit neuen, darunter Charakter, Willenskraft, Einstellung, Imagination und mentale Strategien, doch meine Definition beinhaltet etwas, das auf dem Weg des Meisters absolut unerläßlich ist.

Die Macht der mentalen Strategien gelangte in den siebziger Jahren durch die Enthüllungen einiger der bekanntesten Sportler ins öffentliche Bewußtsein. Der Golfspieler Jack Nicklaus erklärte beispielsweise, daß er niemals einen Schlag ausführte, ohne zu visualisieren, wie die perfekte Flugbahn des Balles verlaufen und wie er sein Ziel finden sollte, «wie er dort hinten weiß und hübsch auf dem Grün liegt». Nicklaus teilte uns mit, daß sich ein erfolgreicher Schlag aus 50 Prozent Visualisierung, 40 Prozent Vorbereitung und nur 10 Prozent Schwung zusammensetzt. Die besten professionellen Runningbacks im Football erzählten, wie sie sich ihr Spiel am Abend zuvor immer wieder im Geiste vorstellten. Sie glaubten, daß ihr Erfolg am nächsten Tag auf dem Spielfeld eng mit der Intensität ihres mentalen Trainings zusammenhing. Bodybuilder und Gewichtheber bestätigten ebenfalls den Wert der Intention. Arnold Schwarzenegger behauptete, daß das einmalige Heben eines Gewichts in voller Bewußtheit ebensoviel wert sei wie das zehnmalige Heben desselben Gewichts ohne geistige Aufmerksamkeit. Frank Zane und andere schlossen sich ihm an und hoben den Einfluß des Geistes auf Muskeln und Gewichte hervor.

Training und Technik im Sport hatten eine extrem hohe Stufe der Entwicklung erreicht, so daß weitere Verbesserungen in diesem Rahmen nur äußerst kleine Zuwachsraten haben konnten. Vielleicht war Jack Nicklaus der Ansicht, daß der

Erfolg eines Schlages nur zu 10 Prozent vom richtigen Schwung abhing, weil sein Schwung beinahe perfekt war. Das Reich des Geistes hingegen stellte das unentdeckte Land dar, den Ort, an dem die Pioniere des Sports ihre größten Fortschritte erzielen konnten.

Um diese Möglichkeiten voll auszuschöpfen, stellten eine Reihe von Spitzenteams und Einzelpersonen Sportpsychologen ein, die ihnen Entspannung, Selbstvertrauen und das mentale Erarbeiten bestimmter Spiele oder Bewegungsabläufe beibringen sollten. Dies führte zur Entwicklung von Audio- und Videokassetten, die angeblich das mentale Training aufstrebender Sportler, die sich keinen eigenen Psychologen leisten können, verbessern sollen. Die Botschaften auf einigen dieser Kassetten scheinen in manchen Fällen nicht besonders ausgereift zu sein. Eine amerikanische Firma zum Beispiel verkauft subliminale Affirmationen auf Audiokassetten; hinter dem Geräusch von Wellen werden bestimmte Worte oder Phrasen gesprochen, knapp unterhalb der Ebene des gewöhnlichen Bewußtseins. Die Football-Kassette enthält folgende kurze Sätze: «Ich kenne mein Spiel. Ich bin wichtig. Ich kann es schaffen. Ich liebe es zu laufen. Ich entspanne mich. Ich arbeite mit Gewichten, um stärker zu werden. Ich komme als erster an den Ball. Ich meide Zucker, Kaffee, Alkohol, Tabak. Ich liebe den Kontakt. Ich setze mir ein Ziel. Ich liebe es, mich zu bewegen. Ich habe gute Hände. Ich kann meinen Gegner schlagen. Vorwärts, vorwärts, vorwärts. Ich atme tief und gleichmäßig. Ich bin ein Sieger.» Bislang existieren keine Untersuchungen darüber, ob solche Botschaften auch bessere Football-Spieler hervorbringen.

Dr. Richard M. Suinn von der Colorado State University hat eine fundiertere Methode entwickelt, die er «viseo-motorisches Verhaltenstraining» nennt. Dabei werden Übungen zur Tiefenentspannung mit einer lebhaften mentalen Vorstellung der zu erlernenden Fertigkeit verbunden. In einer Studie, in deren Rahmen diese Methode untersucht wurde, teilten Forscher an der North Texas State University 32 Schüler einer Anfängerklasse in Karate in vier Gruppen auf. Sie gaben jeder Gruppe eine andere Aufgabe, die sie in den sechs Wochen, in denen sie zweimal wöchentlich Karate-Unterricht hatten, zu Hause ausführen sollten. Zu Beginn nahmen sie bei jedem Studenten Ausgangstests vor, anhand derer der Grad der Angst und der Fähigkeiten bestimmt wurde. Daraufhin erhielten die Schüler ihre verschiedenen Übungen: 1) nur Tiefenentspannung der Muskeln, 2) nur Imagination – sich mit geschlossenen Augen Bewegungsabläufe aus dem Karate vorstellen, 3) viseo-motorisches Verhaltenstraining – Entspannungsübungen, gefolgt von Imaginationsübungen, 4) keine Übungen. Alle Gruppen nahmen am traditionellen Karate-Unterricht teil.

Nach sechs Wochen untersuchten die Forscher die Schüler erneut auf Angstzustände, und die Karate-Schule nahm ihre üblichen Tests hinsichtlich der erlernten Grundtechniken und im Sparring vor. Die Gruppen 1 (Tiefenentspannung) und 3 (viseo-motorisches Verhaltenstraining) wiesen ein geringeres Ausmaß an Angst auf als die beiden anderen Gruppen. Beim Sparring unterschied sich Gruppe 3 deutlich von den übrigen Gruppen.

Diese und ähnliche Studien brachten Ergebnisse hervor, die zwar statistisch signifikant, aber nicht sehr spektakulär sind. Zum einen ist der Zeitraum für die meisten dieser Studien relativ kurz, und zum anderen sind die Versuchspersonen meist nur Anfänger. Einschränkungen dieser Art machen solche Studien weniger aussagekräftig als die vielen anekdotenhaften Berichte von Spitzensportlern.

Für mich selbst stammen die eindrucksvollsten Beweise hinsichtlich der Macht der Imagination aus meiner direkten Erfahrung auf der Aikido-Matte. Die Tradition, der meine Schule entstammt, verwendet viele Metaphern und bildhafte Vorstellungen, die mit der Mechanik der Bewegung einhergehen, und die machtvollsten körperlichen Resultate haben ihren Ursprung im Reich des Geistes. Ein Beispiel: Eine Version von

Nikyo (einem Armdrehhebel-Haltegriff) besteht darin, daß man vom Angreifer am Handgelenk gefaßt wird, dessen Hand dort festhält, die eigene Hand um und über sein Handgelenk legt und in einem bestimmten Winkel nach unten drückt. Wenn diese Technik korrekt ausgeführt wird, kann ein weitaus größerer und stärkerer Angreifer auf diese Weise auf die Knie gezwungen werden.

Es mag sein, daß die rein mechanische Anwendung von Nikyo erfolgreich ist – aber nur mit einem beträchtlichen Kraftaufwand. Es gibt jedoch bestimmte imaginative Strategien, die die Wirkungskraft dieser Technik auf eine Art und Weise verstärken, die nicht nur «statistisch signifikant», sondern einfach verblüffend ist. Ich fordere meine Schüler auf, ihre Hand mit gestreckten Fingern wie üblich über das Handgelenk des Angreifers zu legen, dann nicht mehr an das Handgelenk zu denken und statt dessen die Finger in der Vorstellung so weit auszudehnen, daß sie wie Laserstrahlen direkt durch das Gesicht des Angreifers hindurchgehen und die Schädelbasis berühren. Von dort aus sollen sie mit ihren imaginären Fingern die Wirbelsäule des Angreifers einfach sanft hinunter streichen. Wenn alle anderen Faktoren gleich sind, hängt die Wirksamkeit dieser Technik von der Intensität der Vorstellung ab. Meiner Erfahrung nach ist die imaginative Technik weitaus effektiver als rein muskulärer Kraftaufwand. Manchmal fällt ein Angreifer mit einem erstaunten Gesichtsausdruck zu Boden, und mir ist nicht bewußt, ob ich überhaupt Muskelkraft eingesetzt habe.

Was ist wirklich «wirklich»?

Wie können wir den Unterschied zwischen der mechanischen und der imaginativen Technik erklären? Existieren die auf magische Weise verlängerten Finger nur in der Einbildung, oder sind sie auf irgendeine Weise wirklich? Die einfachste

Erklärung gründet auf der Mechanik: Vielleicht bietet die Vorstellung der verlängerten Finger, die die Wirbelsäule des Angreifers hinunter streichen, nur eine Anleitung, um den Aikidoka in die richtige Position für die Ausführung von Nikyo zu bringen. Dies geschieht ganz sicher, aber meine langjährige Erfahrung hat mich zu der Überzeugung gebracht, daß hier mehr als das im Spiel ist. Mein Verstand weiß natürlich, daß ich nicht wirklich Finger habe, die einen Meter lang sind und durch den Körper eines anderen Menschen hindurchgehen können, um seine Wirbelsäule zu berühren. Und dennoch: Die mühelose, scheinbar ans Wunderbare grenzende Ausführung dieser Technik geschieht nur dann, wenn das geistige Bild besonders deutlich ist und wenn ich auf irgendeine Weise fühlen kann, wie meine Finger die Wirbelsäule des Angreifers hinunter streichen.

Das bringt mich zu der Frage, was wirklich «wirklich» ist. Ist Bewußtsein nur ein Epiphänomen, wie der Behaviorist B.F. Skinner meinte? Oder hatte der Dichter William Blake recht, als er davon ausging, daß nur geistige Dinge wirklich sind? Oder, falls sowohl geistige Schöpfungen als auch die objektive Welt wirklich sind – auch wenn sie verschiedene Klassen der Wirklichkeit darstellen mögen –, was ist dann die Art von Interaktion zwischen den beiden? Dies sind große Fragen für ein kleines Buch – und selbst für ein großes. Dennoch kann man kurz (und deutlich) sagen, daß Gedanken, Vorstellungen, Gefühle und ähnliches durchaus wirklich sind und einen großen Einfluß auf die Welt der Materie und der Energie ausüben. Man könnte sogar behaupten, daß reine Information dauerhafter ist als das, was wir als materiell einstufen, oder daß beide im Grunde genommen dasselbe sind. «Mehr und mehr erscheint das Universum wie ein großer Gedanke anstatt wie eine große Maschine», sagte der Astronom Sir James Jeans.

Salomons Tempel in Jerusalem existiert beispielsweise nicht mehr aus Holz, Stein und Gold, man kann ihn nirgendwo finden. Und doch entsteht er vor dem geistigen Auge in all seiner Pracht, wenn man in der Bibel das 1. Buch der Könige, Vers 6 und 7 liest. Weder Scarlett O'Hara noch Anna Karenina lebten jemals in fleischlicher Form, und doch kann es sein, daß Sie die beiden besser kennen als Ihre Nachbarin. Ihr Transistorradio ist zweifellos wirklich, Sie können es mit den Händen berühren. Aber auch der Bauplan dieses Radios ist wirklich und ebenso der Entwurf, der im Kopf seines Erfinders Gestalt annahm. Was wirklicher ist, ist schwer zu beurteilen. Obgleich die grundlegende Struktur, die abstrakte Beziehung zwischen den Teilen in allen drei Formen die gleiche ist, könnte man behaupten, daß das Abstrakteste auch das Grundlegendste und im Verlauf der Zeit oft auch das Beständigste ist. Der Entwurf oder die geistige Vorstellung werden das Radio, das Sie in den Händen halten, wahrscheinlich überdauern. Und diese nichtstofflichen Formen haben einen weiteren Vorteil: Wenn man Änderungen in der Beziehung der Teile untereinander vornehmen will, ist es leichter, dies im Bauplan oder im Kopf zu tun als in einem dreidimensionalen Radio.

Welche Rolle spielt dabei die Intention? Sicherlich ist sie an der Erschaffung der Struktur als Idee beteiligt und ebenso an der Umwandlung dieser Struktur von einer Form in eine andere. Diese Art der Transformation ist es, um die es im Prozeß der Meisterschaft geht. Manchmal fordere ich meine Schüler auf, die Vision oder das Gefühl eines bestimmten Wurfes in ihrem Geist zu verankern und diesen dann eine Stunde oder länger zu üben, bis sie schweißgebadet sind und von ihren früheren Gedanken oder Gefühlen in bezug auf diesen Wurf geläutert sind. Dieser Gebrauch der Intention bringt in der greifbaren, dreidimensionalen Welt der Kampfkünste oftmals positive Ergebnisse hervor.

Gedanken, Vorstellungen und Gefühle sind in der Tat sehr real. Einsteins Gedanke, daß Energie gleich Masse mal Lichtgeschwindigkeit zum Quadrat ist ($E = mc^2$), setzte schließlich eine gewaltige Kraft frei. Die Transformation dieses Gedankens in Hitze und Druck war ein langer, mühseliger Prozeß. Und dennoch war es der Gedanke, die Vision, die Intention, die ihm zugrunde lag.

«Ich weiß nur, daß der erste Schritt darin besteht, eine Vision zu erschaffen, denn wenn man die Vision vor sich hat – diese herrliche Vision –, dann entsteht die Willenskraft», sagte Arnold Schwarzenegger. «So wollte ich auch deshalb Mr. Universum werden, weil ich mich selbst so deutlich sehen konnte, dort oben auf der Bühne als Gewinner.»

Intention ist der Kraftstoff auf dem Weg des Meisters. Jeder Meister ist ein Meister der Vision.

9
Das fünfte Prinzip: Des Messers Schneide

Nun kommen wir zu einem scheinbaren Widerspruch, einem Paradoxon. Diejenigen, die wir als Meister erkennen, haben sich nahezu ausnahmslos den Grundlagen ihrer Berufung gewidmet. Sie sind Fanatiker der Übung und genießen selbst die winzigsten Fortschritte. Gleichzeitig sind diese Menschen, diese Meister – und das ist das Paradoxe – genau diejenigen, die bisherige Begrenzungen überwinden wollen, die um der Leistungssteigerung willen Risiken eingehen und die davon manchmal sogar wie besessen sind. Es ist ganz klar – für sie gibt es kein *Entweder–Oder*, sondern nur ein *Und*. Sie wollen beides.

Chuck Yeager, der Held aus Tom Wolfes Buch *Die Helden der Nation*, wird von vielen als der beste Pilot betrachtet, der jemals gelebt hat. Am Ende seiner Autobiographie *Yeager* faßt er zusammen, was es für ihn bedeutet, ein herausragender Pilot zu sein, das richtige Zeug dazu zu haben. Auf den ersten beiden Seiten dieser Zusammenfassung führt er dreimal das Wort *Erfahrung* an. «Wenn es so etwas wie das richtige Zeug für einen Piloten gibt», schreibt Yeager, «dann ist es Erfahrung.»

Und doch spricht dieser Verfechter des Plateaus, dieser Reisende auf dem endlosen Weg, mit einem beinahe teuflischen Vergnügen darüber, auf des Messers Schneide zu leben. An dem Abend, bevor er zum ersten Mal in der Geschichte einen Überschallflug versuchen sollte, fiel er auf einem wilden Ritt in der Dämmerung vom Pferd und verstauchte sich ernsthaft die Schulter. Diese Verletzung würde es ihm unmöglich machen, die Luke des X-1-Düsenflugzeugs zu schließen, nachdem er in einer Höhe von 7000 Metern aus dem Mutterschiff umgestiegen war. Davon unbeeindruckt, nahm er einen Besenstiel mit, so daß er die Luke mit der anderen Hand schließen konnte. Dann durchbrach er trotz seiner Verletzung die Schallmauer.

Die Kunst ist nicht nur, die Schärfe der Schneide zu erforschen, sondern auch einen Ausgleich zu finden zwischen der endlosen, ziellosen Übung und den verführerischen Zielen, die im Laufe des Weges auftauchen. In unserem Dojo wird Aikido zuallererst als endloser Weg gelehrt, aber es finden auch von Zeit zu Zeit Prüfungen statt, die hart, herausfordernd und manchmal geradezu dramatisch sind. Besonders die Prüfung zum ersten Schwarzgurt ist ein Ritual des Übergangs. Die Kandidaten haben eine drei- bis sechsmonatige Vorbereitungsphase, die nicht nur zu einem Intensivkurs in fortgeschrittenen Techniken wird, sondern auch zu einer körperlichen und psychischen Feuerprobe. Im Laufe dieser Feuerprobe ist es unwahrscheinlich, daß Makel der Persönlichkeit oder bisher verheimlichte Eigenarten verborgen bleiben. Wenn alles gutgeht, wird die Prüfung nicht zu einer Zurschaustellung des Egos, sondern des Wesens, zu einem transzendenten Höhepunkt. Und doch kommt es auf den Weg selbst an. Ein östliches Sprichwort sagt: «Vor der Erleuchtung hackt man Holz und holt Wasser. Nach der Erleuchtung hackt man Holz und holt Wasser.» Von der frischgebackenen Schwarzgurtträgerin wird erwartet, daß sie am nächsten Tag erneut auf der Matte steht und bereit ist, als erste zu fallen.

Auf des Messers Schneide zu wandeln ist ein Balanceakt, der ausreichend Bewußtheit verlangt, um zu erkennen, wann man sich auf dünnes Eis begibt. Wenn man im Besitz dieser Bewußtheit ist, kann man sich unter Umständen dafür entscheiden, das Risiko einzugehen. Dieses Prinzip läßt sich gut beim Laufen beobachten – einem Sport, der so rein ist, daß nichts auf Dauer verborgen bleiben kann. Wer schnell und lange laufen will, wandelt fast immer auf des Messers Schneide. Es soll hier nicht in Abrede gestellt werden, daß Läufern – und besonders den

Anfängern in diesem Sport – ungefährliche und vernünftige Programme angeboten und daß sie über die Gefahren und Fallstricke des Laufens aufgeklärt werden sollten. Denjenigen, die aus dieser Sportart einen ganz bestimmten Nutzen ziehen wollen – Gewichtsabnahme, Streßreduzierung, ein gesundes Herz –, sollte dies ermöglicht werden, aber wollte man die Auseinandersetzung mit dem Laufen nur auf diese praktischen Erwägungen begrenzen, hieße das, den menschlichen Geist zu erniedrigen. Es gibt viele Menschen, die nicht laufen, um abzunehmen, sondern um die Fesseln einer mechanisierten Kultur abzuwerfen, nicht, um den Tod hinauszuschieben, sondern um das Leben zu genießen. Für diese Läufer haben die Ermahnungen jener Kritiker, die vor den Gefahren des Sports warnen, rein akademischen Charakter. Sie laufen auf eine bewußte Weise, als gut informierte, mündige Erwachsene, um über ihre bisherigen Grenzen hinauszugehen und zu sehen, was in ihnen steckt. Das kann bedeuten, daß jemand zum ersten Mal eine ganze Runde im Stadion läuft, ohne zwischendurch ins Schrittempo zu fallen, oder daß jemand um den Sieg im Triathlon kämpft, wie in der folgenden Geschichte aus der *American Medical News* berichtet wurde.

«Nur wenige Momente in der Geschichte des Sports verkörpern die Agonie einer Niederlage so deutlich wie der Augenblick, als die 23jährige Julie Moss in der Hawaii Ironman Triathlon-Weltmeisterschaft der Frauen im 43-Kilometer-Marathonlauf in Führung lag.

Etwa hundert Meter vor der Ziellinie fiel Moss auf die Knie. Dann erhob sie sich, lief ein paar Meter und brach erneut zusammen. Vor den laufenden Fernsehkameras verlor sie die Kontrolle über ihre Muskeln. Sie raffte sich wieder auf, lief, fiel und fing dann an zu kriechen. Von der Zweitplazierten überholt, kroch sie über die Ziellinie, streckte ihren Arm aus und verlor das Bewußtsein.

Jim McKay von ABC Sports nannte es ‹heroisch ... einer der größten Augenblicke in der Geschichte der Sportübertragungen›. Dr. Gilbert Lang, ein orthopädischer Chirurg am Roseville Community Hospital in Kalifornien und erfahrener Langstreckenläufer, nannte es ‹dumm – und beinahe tödlich›.»

Sowohl Lang als auch McKay haben recht: es war dumm *und* heroisch. Natürlich sollte kein Läufer ermutigt werden, sich bis an die Grenze des Todes zu verausgaben. Aber was für eine ärmliche und farblose Welt hätten wir ohne solche Heldentaten? Vielleicht wäre es überhaupt keine menschliche Welt, denn in prähistorischen Zeiten muß es unzählige Momente gegeben haben, in denen sich primitive Jäger auf diese Weise aufgeopfert haben, damit die Mitglieder ihres Klans, unsere Urahnen, überleben konnten. Menschen wie Julie Moss laufen für uns alle und bekräftigen unser Menschsein, unsere Existenz schlechthin. Und wir haben Grund zu der Annahme, daß die meisten der Menschen, die wir als Meister erkennen, ihr dummes und heroisches Verlangen teilen, bis an die Grenze der Belastbarkeit zu gehen, um jeden Preis ins Ziel zu kommen, das Unerreichbare zu erreichen.

Doch bevor Sie mit dem Gedanken spielen können, auf des Messers Schneide zu wandeln, liegen viele Jahre der Unterweisung, Übung, Hingabe und Intention vor Ihnen. Und danach? Weiteres Training, weitere Zeit auf dem Plateau: weiter auf dem niemals endenden Weg.

TEIL 3

Die richtige Ausrüstung

Einführung

Bevor wir uns auf den Weg machen, möchte ich Ihnen noch einige konkrete Hinweise geben. Wie können Sie Rückfälle vermeiden? Woher bekommen Sie die Energie für Ihren Weg? Welchen Fallen werden Sie begegnen? Wie kann die Idee der Meisterschaft auf den Alltag angewendet werden? Was sollten Sie mit auf diese Reise nehmen?

Hier sind einige Reisetips und Abschiedsgeschenke, und nun – gute Reise!

10
Warum gute Vorsätze nicht ausreichen

Sie haben sich fest vorgenommen, Ihrem Leben eine Wendung zum Besseren zu geben. Dabei spielt es keine Rolle, um was für eine wichtige Veränderung es sich handelt, aber nehmen wir einmal an, in diesem Fall geht es darum, den Weg des Meisters zu beschreiten und eine regelmäßige Übungspraxis aufzubauen. Sie erzählen Ihren Freunden davon, formulieren Ihre guten Vorsätze schriftlich, und die Veränderung gelingt in der Tat. Es klappt, es fühlt sich gut an, Sie sind glücklich darüber, Ihre Freunde sind glücklich darüber. Ihr Leben ist besser geworden. Dann werden Sie rückfällig.

Warum? Der Grund dafür ist nicht, daß Sie schwach sind, daß Sie keine Willenskraft haben. Rückfällig zu werden ist eine ganz allgemeine Erfahrung. Jeder von uns widersetzt sich grundlegenden Veränderungen – unabhängig davon, ob diese zum Guten oder zum Schlechten sind. Unserem Körper, unserem Gehirn und unserem Verhalten ist die Tendenz zu eigen, innerhalb bestimmter enger Grenzen gleich bleiben und in diesen Bereich zurückkehren zu wollen, sobald Veränderungen stattfinden – und das ist auch gut so.

Stellen Sie sich einmal vor, Ihre Körpertemperatur würde sich um zehn Prozent nach oben oder unten verändern – Sie wären sofort in Schwierigkeiten. Dasselbe trifft auch auf unseren Blutzuckerspiegel und andere Körperfunktionen zu. Dieser Zustand der Ausgeglichenheit, dieser Widerstand gegenüber Veränderungen wird Homöostase genannt. Er ist charakteristisch für alle sich selbst regulierenden Systeme, von der Bakterie über den Frosch bis hin zum Menschen, von einer Familie oder einer Organisation bis hin zu einer ganzen Kultur, und läßt sich sowohl auf psychische Zustände, das Verhalten als auch auf körperliche Funktionen anwenden.

Das einfachste Beispiel für Homöostase ist die Heizung in Ihrer Wohnung. Der Thermostat an der Wand registriert die Zimmertemperatur. Sinkt diese im Winter unter die Gradzahl, die Sie eingestellt haben, übermittelt der Thermostat ein elektrisches Signal, das die Heizung einschaltet. Die Heizung vollendet den Kreislauf, indem sie das Zimmer, in dem sich der Thermostat befindet, erwärmt. Erreicht die Zimmertemperatur die eingestellte Gradzahl, schickt der Thermostat ein elektrisches Signal an die Heizung, wodurch diese ausgeschaltet wird – die Homöostase wird aufrechterhalten.

Um die Temperatur in einem Zimmer zu regulieren, bedarf es nur einer einzigen Rückkopplungsschleife. Aber um selbst den einfachsten Einzeller am Leben zu erhalten, werden schon Tausende benötigt. Und um einen Menschen im Zustand der Homöostase zu halten, sind Milliarden von miteinander verknüpften elektrochemischen Signalen notwendig, die im Gehirn pulsieren, durch die Nervenfasern eilen und durch den Blutkreislauf strömen.

Ein Beispiel: Jeder von uns hat ungefähr 150000 winzige Thermostaten in Form von Nervenenden, die sich dicht unter der Hautoberfläche befinden und Wärmeverluste im Körper registrieren, sowie etwa weitere 16000, die etwas tiefer in der Haut liegen und eine Wärmeeinwirkung von außen wahrnehmen. Ein noch empfindlicherer Thermostat liegt im Hypothalamus an der Basis des Gehirns, in der Nähe der Hauptschlagader, die das Blut vom Herzen zum Kopf leitet. Wenn Ihnen kalt wird, signalisieren diese Thermostaten den Schweißdrüsen, Poren und Kapillargefäßen an der Oberfläche des Körpers, sich zu schließen. Durch die Aktivität der Drüsen und den erhöhten Muskeltonus fangen Sie an zu zittern, um mehr Hitze zu erzeugen, und Ihre Sinne übermitteln dem Gehirn eine unmißverständliche Botschaft, die Sie dazu veranlaßt, sich zu bewegen, wärmere Kleidung anzuziehen, sich an jemanden zu kuscheln, sich irgendwo unterzustellen oder ein Feuer zu machen.

Die Homöostase in sozialen Gruppen bringt zusätzliche Rückkopplungsschleifen ins Spiel. Familien erhalten sich ihr Gleichgewicht durch Unterweisung, Ermahnung, Bestrafung, Privilegien, Geschenke, Bevorzugung, Zustimmung, Zuneigung und sogar durch äußerst subtile Formen der Körpersprache und des Gesichtsausdrucks. Soziale Gruppen, die größer als Familien sind, fügen dem noch andere Formen des Feedbacks hinzu. Eine nationale Kultur wird beispielsweise durch Gesetzgebung und Gesetzesvollzug, Erziehung, Kunst, Sport, Spiele, ökonomische Belohnungen, die bestimmte Aktivitäten begünstigen, und durch ein kompliziertes Geflecht aus Sitten und Gebräuchen, Statussymbolen, Nachahmung und Lebensart zusammengehalten, bei deren Vermittlung die Medien die Rolle eines nationalen Nervensystems übernommen haben. Obgleich man davon ausgehen könnte, daß unsere Kultur verrückt nach allem Neuen ist, ist die vorherrschende Funktion all dessen das Überleben des Systems in dem Zustand, in dem es sich befindet. Das gleiche trifft auf die Rückkopplungsschleifen in unserem Körper zu.

Das Problem liegt darin, daß die Homöostase alles beim alten lassen will, selbst wenn dies nicht besonders gut ist. Sagen wir einmal, Sie hätten sich in den letzten 20 Jahren, seit Sie von der Schule abgegangen sind, wenig bewegt. Die meisten Ihrer Freunde treiben inzwischen Sport, und Sie sind der Ansicht, nicht länger im Abseits stehen zu können, und wollen mitmachen. Der Einkauf der richtigen Trainingsausrüstung macht Ihnen ebensolchen Spaß wie die ersten Schritte, die Sie laufen. Aber nach ein paar hundert Metern geschieht etwas Furchtbares. Vielleicht meinen Sie, sich plötzlich übergeben zu müssen, vielleicht wird Ihnen schwindelig, vielleicht haben Sie ein merkwürdiges Panikgefühl in der Brust – vielleicht werden Sie gar sterben.

Nein, Sie werden nicht sterben. Und diese Empfindungen, die Sie wahrnehmen, haben an sich keine bestimmte Bedeutung. Was tatsächlich geschieht, ist, daß Sie ein homöostatisches Warnsignal empfangen. Alarmglocken läuten, Lichter gehen an und aus: *Achtung! Achtung! Starke Veränderungen in Atmung, Herzfrequenz, Stoffwechsel. Was auch immer Sie tun, hören Sie sofort damit auf!*

Denken Sie daran, daß die Homöostase keinen Unterschied zwischen dem, was Sie eine Veränderung zum Guten nennen würden, und einer Veränderung zum Schlechten macht. Sie widersetzt sich *jeder* Veränderung. Nach 20 Jahren ohne Bewegung hält Ihr Körper ein Leben im Sitzen für normal; der Beginn einer Veränderung zum Guten wird als eine Bedrohung angesehen. Also gehen Sie ganz langsam zum Auto zurück und überlegen sich, was Sie statt dessen machen könnten.

Oder stellen Sie sich einmal folgende fünfköpfige Familie vor: Der Vater ist Alkoholiker und betrinkt sich etwa alle sechs bis acht Wochen so richtig. Während dieser Zeit und in den darauffolgenden Tagen ist die ganze Familie in heller Aufregung. Das ist nichts Neues. Diese regelmäßig auftretenden Zeiten des Aufruhrs sind längst zur Gewohnheit geworden. Dann hört der Vater aus irgendeinem Grund auf zu trinken. Man sollte denken, daß jetzt alle in der Familie glücklich wären, und das sind sie auch – wenigstens eine Zeitlang. Aber die Homöostase hat merkwürdige und hinterlistige Methoden, sich wieder einzuschleichen. So ist es sehr wahrscheinlich, daß innerhalb der nächsten Monate ein anderes Familienmitglied (zum Beispiel der Sohn im Teenager-Alter) etwas machen wird (zum Beispiel beim Handel mit Drogen erwischt zu werden), das genau die Art von Aufregung hervorrufen wird, die bisher durch das Trinken des Vaters ausgelöst wurde. Ohne professionelle Hilfe werden die Familienmitglieder kaum erkennen können, daß der Sohn unbewußt den Platz des Vaters eingenommen hat, um die Familie in dem Zustand zu halten, der stabil und zur Gewohnheit geworden war.

Es ist nicht Aufgabe dieses Buches, aufzuzeigen, wie sich Organisationen und ganze Kulturen Wandlungsprozessen widersetzen oder in alte Verhältnisse zurückfallen, wenn eine Veränderung stattgefunden hat. Ich möchte nur anmerken, daß der Widerstand hierbei (wie auch in anderen Fällen) im Verhältnis zum Ausmaß und zum Tempo der Veränderung steht und es nicht darum geht, ob der Wandel zum Guten oder zum Schlechten führt. Wenn eine Reform einer Organisation oder Kultur auf gewaltigen Widerstand stößt, so liegt das entweder daran, daß es eine unwahrscheinlich schlechte oder eine unwahrscheinlich gute Idee ist. Unbedeutende Veränderungen, wie bürokratische Einmischungen, sind viel leichter zu akzeptieren, und aus dem Grunde gibt es auch so viele davon. In ähnlicher Weise sind die eher gesprächsorientierten Formen der Psychotherapie bis zu einem gewissen Grad akzeptabler, wahrscheinlich, weil sie in manchen Fällen nicht mehr verändern als die Fähigkeit des Patienten, über seine Probleme zu reden. Mit all diesen Aussagen möchte ich die Homöostase jedoch nicht verurteilen. Wir wollen, daß unser Geist, unser Körper und unsere Organisationen zusammenhalten. Schließlich wollen wir ja auch unser Gehalt pünktlich bekommen. Um zu überleben, brauchen wir Stabilität.

Dennoch findet ein Wandel statt. Menschen und Familien verändern sich, Organisationen und ganze Kulturen ebenso. Ständig werden die «Homöostaten» neu eingestellt, auch wenn der Vorgang ein gewisses Maß an Ängsten, Schmerzen und Aufregung erzeugt. Die entscheidenden Fragen sind: Wie kann man mit der Homöostase umgehen? Wie kann man die Veränderung zum Guten erleichtern? Wie kann man dafür sorgen, daß sie anhält?

Diese Fragen werden besonders wichtig, wenn man sich auf den Weg des Meisters macht. Nehmen wir einmal an, daß Sie sich nach Jahren, in denen Ihnen Ihre Karriere nicht sonderlich wichtig war, entscheiden, die Prinzipien der Meisterschaft in diesem Bereich anzuwenden. Offensichtlich wird sich dadurch Ihr gesamtes Leben verändern, und Sie werden mit dem Problem der Homöostase konfrontiert werden. Aber selbst wenn Sie die Prinzipien der Meisterschaft nur auf Gartenarbeit oder Tennis anwenden, auf Bereiche also, die für Ihr Leben keine derartig zentrale Bedeutung haben, können sich die Auswirkungen dieses Wandels dennoch auf Ihr gesamtes Leben auswirken. Mehr von Ihrem Potential zu verwirklichen – in welchem Bereich auch immer –, wird Sie auf vielerlei Arten verändern. Und unabhängig davon, ob Sie die Veränderung genießen und von ihr profitieren, werden Sie sich früher oder später doch der Homöostase gegenübersehen. Es mag sein, daß Sie homöostatische Warnsignale in Form von körperlichen oder psychischen Symptomen wahrnehmen oder daß Sie unbewußt Ihre eigenen Anstrengungen sabotieren. Und es ist möglich, daß Ihnen von seiten Ihrer Familie, Ihrer Freunde und Kollegen Widerstand entgegengebracht wird. Sie können sich glücklich schätzen, wenn Sie dann nicht in die alten Verhaltensweisen des Dilettanten, Fanatikers oder Phlegmatikers zurückfallen.

Letztendlich müssen Sie die Entscheidung treffen, ob Sie wirklich die Zeit und Mühe aufbringen wollen, die erforderlich ist, um sich auf den Weg zu begeben und auf ihm zu bleiben. Wenn Sie sich dafür entschieden haben, so möchte ich Ihnen fünf Richtlinien anbieten, die Ihnen dabei helfen können. Zwar beziehen sich diese Richtlinien hier auf den Prozeß der Meisterschaft, aber sie lassen sich auf jede Art von Veränderung in Ihrem Leben anwenden.

1. Seien Sie sich bewußt, wie die Homöostase funktioniert. Dies ist wahrscheinlich die wichtigste Richtlinie überhaupt. Rechnen Sie mit Widerstand und Rückfällen. Erkennen Sie, daß, wenn die Alarmglocken zu läuten beginnen, dies nicht unbedingt heißen muß, daß Sie krank oder faul sind oder daß Sie eine schlechte Entscheidung getroffen haben, als Sie sich auf den Weg der Meisterschaft einließen. Sie können diese Signale eher als Anzeichen dafür nehmen, daß sich Ihr Leben tatsächlich ändert – was Sie ja auch wollten. Natürlich ist es möglich, daß

Sie etwas angefangen haben, was nicht das Richtige für Sie ist – das können nur Sie selbst entscheiden. In jedem Fall sollten Sie nicht in Panik geraten und gleich bei den ersten Schwierigkeiten aufgeben.

Erwarten Sie auch Widerstände von Freunden, Familienmitgliedern und Kollegen. (Wie wir gesehen haben, wirkt Homöostase in sozialen Systemen ebenso wie bei Individuen.) Nehmen wir an, Sie haben sich bisher um 7.30 Uhr aus dem Bett gequält und es kaum geschafft, sich bis 9 Uhr zur Arbeit zu schleppen. Jetzt, da Sie sich auf dem Weg des Meisters befinden, stehen Sie schon um 6 Uhr auf, um Ihren 5-Kilometer-Lauf zu machen, und sind um 8.30 Uhr energiegeladen im Büro. Man sollte meinen, daß die Kollegen überglücklich wären, aber davon sollten Sie eher nicht ausgehen. Und wenn Sie nach Hause kommen und noch immer außergewöhnlich aktiv sind – meinen Sie, daß Ihre Familie sich über die Veränderung freuen wird? Vielleicht. Denken Sie daran, daß sich das gesamte System ändern muß, wenn ein Teil sich ändert. Seien Sie also nicht überrascht, wenn einige der Menschen, die Sie lieben, damit beginnen, Ihre Bemühungen offen oder versteckt zu unterwandern. Sie tun das nicht, um Ihnen weh zu tun – es ist einfach das Wirken der Homöostase.

2. Gehen Sie bewußt mit Ihren Widerständen gegenüber Veränderungen um. Was können Sie tun, wenn Sie auf Widerstände treffen, wenn die roten Warnlichter angehen und die Alarmglocken läuten? Nun, Sie sollten nicht sofort nachgeben, aber auch nicht mit dem Kopf durch die Wand gehen. Das Stichwort bei jeder erfolgreichen langfristigen Veränderung heißt *bewußt*, ob Sie nun schneller laufen oder Ihre Organisation umwandeln wollen. Der Langstreckenläufer, der eine bessere Zeit auf einer bestimmten Strecke erzielen will, respektiert das Wirken der Homöostase, indem er den Schmerz nicht als Gegner betrachtet, sondern als bestmöglichen Leistungsindikator. Der wandlungsfreudige Manager hält Augen und Ohren offen, um

Anzeichen von Unzufriedenheit oder Verwirrung wahrzunehmen, und arbeitet dann mit diesen Gefühlen, die eine unvermeidliche Begleiterscheinung der Transformation sind, ohne Schmerzgrenzen zu überschreiten.

Die hohe Kunst, zu wissen, wie weit man dabei gehen darf, schließt die Bereitschaft mit ein, für zwei Schritte vorwärts einen zurück zu gehen und manchmal sogar umgekehrt. Sie erfordert auch die Entschlossenheit, weiterzugehen, dabei aber bewußt zu bleiben. Wenn Sie Ihre Aufmerksamkeit gegenüber den Warnsignalen einfach abschalten, beraubt Sie das eines wichtigen Wegweisers, wodurch das System beschädigt werden könnte. Trotz aller Warnsignale mit dem Kopf durch die Wand zu gehen erhöht die Möglichkeit, zurückzufallen.

Man kann sich niemals sicher sein, in welcher Form die Widerstände auftreten werden, ob als Angstgefühle, psychosomatische Beschwerden, als Tendenz zur Selbstsabotage, Streitereien innerhalb der Familie, mit Freunden oder Kollegen. Keines davon trifft zu? Bleiben Sie trotzdem wachsam, und nehmen Sie die Widerstände ernst.

3. Bauen Sie ein unterstützendes System auf. Sie können es allein versuchen, aber es ist hilfreich, andere Menschen zu haben, mit denen Sie Freud und Leid der Veränderungen, die Sie durchmachen, teilen können. Das beste unterstützende System besteht aus Menschen, die durch einen ähnlichen Prozeß gegangen sind oder gerade hindurchgehen, die ihre eigenen Geschichten zu erzählen haben und Ihnen zuhören können, die Sie auffangen, wenn Sie rückfällig werden, und die Sie ermutigen, wenn Sie dies nicht tun. Glücklicherweise ergeben sich auf dem Weg des Meisters fast immer Gruppierungen von Gleichgesinnten. In seinem zukunftsweisenden Buch *Homo Ludens. Vom Ursprung der Kultur im Spiel* kommentiert Johan Huizinga die Tendenz von Sport und Spiel, Menschen zusammenzubringen. Er weist darauf hin, daß eine Spielgemeinschaft wahrscheinlich auch nach dem Spiel weiterbesteht, von dem Gefühl inspiriert, in einer außergewöhnlichen Situation getrennt zusammen zu sein, etwas Wichtiges miteinander zu teilen, sich gemeinsam vom Rest der Welt zurückzuziehen und die üblichen Regeln zurückzuweisen. Das gleiche läßt sich auch über viele andere Tätigkeiten sagen, ob diese nun üblicherweise als Sport bezeichnet werden oder nicht – Kunst und Handwerk, Jagen, Angeln, Yoga, Zen, freie Berufe.

Und wenn Ihre Suche nach der Meisterschaft eine einsame Angelegenheit ist? Wenn Sie auf Ihrem Weg keine Mitreisenden finden können? Zumindest können Sie den Menschen, die Ihnen nahestehen, mitteilen, was Sie tun, und sie um Unterstützung bitten.

4. Üben Sie regelmäßig. Wer sich auf irgendeine Form der Veränderung einläßt, kann Stabilität und Sicherheit daraus beziehen, daß eine wichtige Handlung mehr oder weniger regelmäßig ausgeübt wird. Dabei geht es nicht um das Erreichen eines äußeren Ziels, sondern darum, es um der Übung willen zu tun. Wiederum kann sich der Reisende auf dem Weg des Meisters glücklich schätzen, denn, wie ich schon des öfteren gesagt habe, ist regelmäßige Übung das Fundament des Weges. Die Umstände sind besonders erfolgversprechend, wenn Sie in einem anderen Zusammenhang bereits einer regelmäßigen Übungspraxis nachgekommen sind, bevor Sie sich der Herausforderung und den Veränderungen eines Neubeginns gegenübersehen. Es ist leichter, die Prinzipien der Meisterschaft auf Ihren Beruf oder Ihre Beziehung anzuwenden, wenn Sie schon mit einem regelmäßigen morgendlichen Fitneßprogramm begonnen haben. Übung ist eine Gewohnheit, und jede regelmäßige Übung sorgt für eine Art grundlegende Homöostase, für eine feste Basis in Zeiten der Unsicherheit und des Wandels.

5. Widmen Sie sich dem lebenslangen Lernen. Wir vergessen leicht, daß Lernen mehr ist, als seine Weisheit aus Büchern zu beziehen. Lernen heißt, sich zu verändern. Schulung, ob Sie nun durch Bücher, den Körper oder das Verhalten vermittelt wird, ist ein Prozeß, der den Lernenden verändert. Sie muß nicht mit einem Hochschulabschluß oder im Alter von 40, 60 oder 80 Jahren enden. Die beste Art zu lernen bezieht ein, wie man lernt, das heißt wie man sich verändert. Ein Mensch, der sein Leben lang lernt, ist im wesentlichen jemand, der gelernt hat, mit dem Problem der Homöostase umzugehen – einfach, weil er sich ständig damit beschäftigt. Dilettanten, Fanatiker und Phlegmatiker sind auf ihre Weise auch Lernende, aber lebenslanges Lernen ist das Spezialgebiet derjenigen, die den Weg des Meisters gehen, den Weg, der niemals endet.

11
Energie für die Meisterschaft

Wenn Sie meinen, daß es Ihnen an der notwendigen Zeit oder Energie fehlt, um sich auf den Weg des Meisters zu begeben, denken Sie an das alte Sprichwort, das besagt, daß man, wenn man etwas schnell erledigt haben will, jemanden bitten sollte, der schon sehr beschäftigt ist. Fast jeder von uns kennt zumindest eines dieser Energiebündel, die nicht nur für zwei arbeiten, sondern auch noch für zwei Spaß haben. Wenn wir einen Augenblick innehalten und nachdenken, werden wir uns fast alle an Zeiten erinnern, in denen auch wir vor Energie barsten, als uns kein Berg zu hoch erschien, als die Grenze zwischen Arbeit und Spiel verschwamm und schließlich ganz verschwand. Können Sie sich noch an die Zeit erinnern, als Sie sich während des Unterrichts kaum wachhalten konnten und nach der Schule dann noch stundenlang herumgetobt sind? Oder denken Sie an den Energieschub, den Sie verspüren, wenn Sie frisch verliebt sind, wenn Sie in Ihrem Beruf mit einem interessanten Projekt beauftragt werden oder wenn Ihnen Gefahr droht.

Der Mensch ist die Art von Maschine, die verschleißt, wenn sie *nicht* benutzt wird. Natürlich gibt es Grenzen, und wir benötigen Ruhe und Entspannung in ausreichendem Maße, aber meist bekommen wir Energie, wenn wir Energie verausgaben. Das beste Mittel gegen körperliche Erschöpfung sind oft 30 Minuten aerobisches Training. Gleichermaßen kann geistige oder spirituelle Abgespanntheit oft dadurch geheilt werden, daß man entschlossen handelt oder zumindest den festen Vorsatz dazu faßt. Im Physikunterricht haben wir gelernt, daß kinetische Energie Bewegungsenergie ist. Das trifft auch für die Energie des Menschen zu. Man kann sie nicht horten. Fritz

Perls, der Begründer der Gestalttherapie, pflegte zu sagen: «Ich will nicht erlöst werden, ich will aufgebraucht werden.» Es kann durchaus sein, daß jeder von uns enorme Vorräte an potentieller Energie besitzt, weit mehr, als wir uns jemals träumen lassen.

Wenn das wahr ist – warum fühlen wir uns dann häufig s o erschöpft, unfähig, auch nur die kleinste Aufgabe zu bewältigen? Warum beantworten wir nicht unsere Post oder reparieren nicht endlich den tropfenden Wasserhahn? Warum widersetzen wir uns unseren konstruktivsten und kreativsten Impulsen und verschwenden unsere Energie mit Beschäftigungstherapie? Warum sitzen wir stundenlang herum und lassen uns vom Fernseher berieseln, während all die Möglichkeiten, die das Leben im Überfluß bietet, ungesehen an uns vorüberziehen?

Es fängt schon in der frühesten Kindheit an. Schauen Sie einmal einem 18monatigen Baby ein paar Stunden lang zu. Dieses kleine Energiebündel widmet sich einer wichtigen Aufgabe (man könnte sie als reines, unverfälschtes Lernen bezeichnen) und verwendet ohne Gewissensbisse alles in seiner Umgebung, das es sehen, hören, schmecken, riechen und fühlen kann, um dieser Aufgabe nachzugehen. Natürlich müssen wir ihm zu seiner eigenen Sicherheit einige Beschränkungen auferlegen, aber wir übertreiben dabei maßlos, denn wir Erwachsene haben schon viel von unserer Energie verloren und sind schnell erschöpft. Also sagen wir: «Warum kannst du nicht mal still sitzen?» oder «Ich kann dein Gebrabbel keine Sekunde länger ertragen!» Wir versuchen, mit wütenden Befehlen Herr der Lage zu werden, oder schränken den Bewegungsraum des Kindes ein oder – Gott steh uns bei – helfen uns mit Schlägen. Höchstwahrscheinlich unterbrechen wir den Lernprozeß vorübergehend, indem wir den kleinen Lernenden vor den Fernseher setzen, gleichgültig, welche Sendung gerade läuft. Na also, das ist schon besser! Nun ist das Kind genauso lethargisch wie wir.

In der Schule wird es sogar noch schlimmer. Das Kind lernt, daß Lernen langweilig ist. Es gibt nur eine richtige Antwort auf jede Frage, und man muß diese Antwort lernen, indem man stillsitzt, passiv zuhört und nichts tut. Der konventionelle Schulunterricht, in dem 20 bis 35 Kinder gezwungen werden, zur selben Zeit dasselbe zu tun, zerstört die individuelle Initiative und den Forscherdrang fast vollständig. Es gibt nur wenig Raum für die spielerische Überschwenglichkeit, die diese starke Energie begleitet. Der sechsjährige Max möchte der Klasse ein Lied vorsingen. «Nicht jetzt, Max, wir müssen arbeiten!» Oder noch schlimmer: «Sei kein Dummkopf, Max!» Jedesmal, wenn der 40jährige Maximilian etwas Spontanes machen möchte, hallt die Stimme der Lehrerin in seinem Unterbewußtsein nach.

Schließlich gelingt es dem konventionellen Schulunterricht doch noch – mit einer Ineffizienz, die einen zum Wahnsinn treiben könnte –, den Kindern Lesen, Schreiben, Rechnen und ein oberflächliches Wissen einiger Fakten beizubringen, doch die dabei am häufigsten gebrauchten Worte sind viel zu oft *nein* und *falsch*. Die Grundlage des Lernprozesses ist negativ. Albert Einstein schrieb, wie erstaunlich es wäre, daß es den modernen Unterrichtsmethoden noch nicht gelungen wäre, die heilige Neugierde ganz zu unterdrücken. Er hielt es für einen schwerwiegenden Irrtum, zu glauben, daß die Freude an der Entdeckung durch Zwang und Pflichtbewußtsein gefördert werden könnte.

Aber all das geschieht nicht nur in der Schule. In jedem Lebensalter üben soziale Gruppen einen gleichmacherischen Einfluß aus. Konformität ist erwünscht, und starke Energie wird als Bedrohung dieser Konformität angesehen. Und natürlich kann sie das sein. Das ungehemmte Ausleben menschlicher Energie hat etwas Erschreckendes. Ein Psychopath beispielsweise ist jemand, dem es nicht gelungen ist, sich die gesellschaftlichen Einschränkungen unbewußt zu eigen zu machen. Da er in manchen Fällen einen ungewöhnlichen

Charme und eine große Überzeugungskraft besitzt, es ihm jedoch immer an Gewissen und Schuldgefühlen mangelt, kann er scheinbar übermenschliche Mengen an Energie auf seine kurzfristigen und egoistischen Ziele richten.

Diese dunkle Seite der Energie erschreckt und fasziniert uns gleichermaßen. Wir fühlen uns von dem Mann mit dem schwarzen Hut, von Schurken und Bösewichten aller Art deshalb auf so merkwürdige Weise angezogen, weil sie dem so offen Ausdruck verleihen, was wir in uns selbst nicht wahrhaben wollen. Man braucht sich nur die Nachrichten anzusehen mit den Berichten über habgierige Prediger, falsche Gurus, kriminelle Finanziers, Waffenhändler und Organisatoren von Untergrundarmeen – sie alle kennen keine Skrupel und sind von einer leidenschaftlichen Intensität. Wir haben allen Grund, der getriebenen Persönlichkeit, dem wahren Fanatiker skeptisch gegenüberzustehen. Daher ist es auch kein Wunder, daß die Gesellschaft uns «gesellschaftsfähig» machen will, daß sie unsere Energie unterdrücken will.

Soviel zur Schattenseite. Es gibt aber auch unzählige zuvorkommende und verantwortungsbewußte Menschen, die sich auf irgendeine Weise ihre angeborene Energie bewahrt haben und wissen, wie sie diese zu ihrem eigenen und zum Nutzen anderer einsetzen. Ein Großteil der Energie, die sie zeigen, steht uns allen zur Verfügung. Wenn wir uns nur zusätzliche 10 Prozent dieser ungeheuren Energiequelle zunutze machen könnten, würde sich unser Leben entscheidend verändern. Und so können wir damit anfangen:

1. Bleiben Sie körperlich fit. Wir alle kennen Menschen, die körperlich fit sind, obwohl sie den ganzen Tag hinter dem Schreibtisch sitzen. Und wir kennen auch jene schwarzen Löcher auf zwei Beinen, die von sich sagen, daß sie sich einfach hinlegen, wenn sie einen Bewegungsanfall bekommen, und warten, bis er vorüber ist. Aber für den normalen Menschen trägt körperliche Fitneß ganz enorm zur Erhöhung seines Energieniveaus in jedem Bereich des Lebens bei. Man könnte davon ausgehen, daß diejenigen Menschen, die sich gut fühlen, die im Einklang mit der Natur und ihrem eigenen Körper sind, ihre Energie vermutlich eher zum Wohl des Planeten und der Menschheit einsetzen als diejenigen, die ein vorwiegend bewegungsarmes, ungesundes Leben führen.

2. Erkennen Sie das Negative an, und betonen Sie das Positive. Die Macht des positiven Denkens steht hinter vielen Dingen, vom gleichnamigen Buch des Pop-Predigers Norman Vincent Peale über die Psychologie von B.F. Skinner bis zu den neuesten Management-Seminaren. Obwohl der Optimismus von Intellektuellen und selbsternannten «realistischen» Journalisten und Kommentatoren regelmäßig durch den Dreck gezogen wird, zeigt eine Vielzahl von Untersuchungen, daß Menschen mit einer positiven Einstellung seltener krank werden als solche, die alles negativ sehen. Außerdem verfügen sie über mehr Energie.

Thomas Peters, Autor von *Auf der Suche nach Spitzenleistungen* und wahrscheinlich der beste Managementberater Amerikas, spricht von den schon fast unheimlichen Ähnlichkeiten in der Sprache der Manager der erfolgreichsten amerikanischen Firmen. Jeder von ihnen betont, wie wertvoll sich eine positive Einstellung auswirkt und wie effektiv Lob und positive Rückmeldungen sind. Peters erzählte mir, daß diejenigen Manager, die keine Negativität tolerieren, am erfolgreichsten sind. Er zitierte eine Untersuchung, die ergeben hatte, daß erfolgreiche Menschen in ihrer Kindheit so viel Lob erhalten hatten, daß es ihnen schon fast unangenehm war. Aber es scheint, daß man Lob im Grunde genommen nicht übertreiben kann.

Ist es möglich, zu positiv zu sein? Nur, wenn man die Existenz negativer Faktoren leugnet und abstreitet, daß es Situationen im Leben und in der Welt überhaupt gibt, die einer Veränderung bedürfen. Es gibt einige östliche Philosophien und westliche Religionen und Sekten, die genau das tun. Ihr Beharren darauf, daß das Böse und soziale Mißstände lediglich Illusionen sind, beruhigt zwar ihre Anhänger, führt aber häufig zu einer schädlichen Leugnung der persönlichen Realität und zu einer Gefühllosigkeit gegenüber den Ungerechtigkeiten der Welt. Allgemein läßt sich sagen, daß Leugnen Energie unterdrückt, während das realistische Anerkennen der Wahrheit Energie freisetzt.

Selbst schwere Schläge können einem zusätzliche Energie geben, indem sie einen aus dem Gleichgewicht werfen, aus der Lethargie wachrütteln; dies geschieht jedoch nicht, wenn man leugnet, daß diese Schläge wirklich sind. Das Negative anzuerkennen heißt nicht, wehleidig zu sein; es bedeutet, der Wahrheit ins Auge zu sehen und dann weiterzugehen. Einem guten Freund zu erzählen, was in Ihrem Leben momentan schiefläuft, wird Ihnen wahrscheinlich helfen, sich besser und stärker zu fühlen.

Nachdem Sie sich mit dem Negativen auseinandergesetzt haben, können Sie sich auf das Beste in Ihnen konzentrieren. Meiden Sie, wann immer Sie können, Lehrer oder Vorgesetzte, die ihre Kritik auf negative Weise äußern. Wenn man anderen Menschen sagt, was sie falsch machen, ohne dabei zu erwähnen, was sie richtig machen, schwächt man ihre Energie. Befinden Sie sich in der Rolle eines Lehrers, Vorgesetzten oder Ratgebers, könnten Sie Ihre Kritik zum Beispiel so formulieren: «Mir gefällt, wie Sie das tun… und so könnten Sie es noch besser machen.»

3. Bemühen Sie sich, die Wahrheit zu sagen. Will Schutz, der in den sechziger Jahren zur Verbreitung von Encounter-Gruppen beitrug, in denen Wert auf das Ausdrücken der Wahrheit gelegt wurde, und der heute als Unternehmensberater arbeitet, sagte: «Es gibt nichts, was einer Firma mehr Energie gibt, als wenn die Mitarbeiter anfangen, sich die Wahrheit zu sagen. Eines der ersten Resultate, die sich nach unseren Sitzungen mit den

Managern zeigten, war, daß ihre Besprechungen kürzer waren als zuvor. Eine Firma berichtete, daß Besprechungen, die vorher anderthalb Stunden gedauert hatten, nun nach 20 Minuten vorüber waren. ‹Wir sagen, was wir zu sagen haben. Wir brauchen nicht viel Zeit und Energie aufzuwenden, um etwas nicht zu sagen.› Lügen und Geheimnisse wirken sich innerhalb von Organisationen wie Gift aus, da die Energie der Mitarbeiter darauf gerichtet ist, zu täuschen, zu verheimlichen und ständig daran zu denken, wem man was nicht sagen will. Wenn Menschen anfangen, die Wahrheit auszusprechen, zeigt sich beinahe sofort eine Verringerung der Fehler sowie eine Steigerung der Produktivität.»

Die Wahrheit läßt sich am besten sagen, wenn es um die eigenen Gefühle geht, und nicht, wenn man andere beleidigen will und sich um jeden Preis durchsetzen möchte. Überhaupt spricht vieles für das Aussprechen der Wahrheit – das Risiko, die Aufregung und die Freisetzung von Energie.

4. Schätzen Sie Ihre dunkle Seite, aber frönen Sie ihr nicht. Gott allein weiß, wieviel Energie wir in dem verborgenen Teil unserer Persönlichkeit, den Carl Gustav Jung «den Schatten» nennt, unter Verschluß halten. Der Dichter und Erzähler Robert Bly beschreibt Jungs Idee in seinem Buch *Die dunklen Seiten des menschlichen Wesens* in moderner Form. Bly erzählt, daß man sich ein kleines Kind als einen lebhaften Energieball vorstellen kann, der in alle Richtungen strahlt. Aber die Eltern mögen bestimmte Teile des Balls nicht. Um sich die Liebe der Eltern zu erhalten, steckt das Kind diejenigen Teile, die die Eltern nicht mögen, in einen unsichtbaren Beutel, den es hinter sich herschleppt. Wenn wir zur Schule kommen, so meint Bly, ist dieser Beutel bereits ziemlich groß. Dann fangen die Lehrer auch noch an: «Liebe Kinder werden wegen so etwas nicht wütend.» Also nehmen wir unsere Wut und stecken auch sie in den Beutel. Bis wir zwanzig sind, ist nur noch ein kleiner Teil unserer ursprünglichen Energie übriggeblieben.

Aber diese verborgene Energie steht uns trotzdem noch immer zur Verfügung. Und diese verbotenen Teile unserer Persönlichkeit zuzulassen bedeutet nicht, ihnen zu frönen und einfach den unterdrückten Teil auszuleben. Wut enthält beispielsweise ein hohes Maß an Energie. Wenn wir dieses Gefühl so wirkungsvoll unterdrückt haben, daß wir es nicht einmal mehr fühlen können, können wir naheliegenderweise die dazugehörige Energie nicht auf eine bewußte, konstruktive Weise nutzen. Wenn wir aber die Wut nur aus dem Beutel nehmen, um ihr zu frönen, wenn sie nur zu einer Reflexreaktion wird, verschwenden wir ihre ganz erhebliche Kraft. Es gibt Momente, in denen es angebracht ist, Wut auszudrücken, aber es existiert auch die Möglichkeit, die leidenschaftliche Energie der Empörung oder des Zornes für positive Zwecke einzusetzen. Mit anderen Worten, wenn Sie fühlen, daß Wut in Ihnen hochsteigt, können Sie sich auch dafür entscheiden, an einem Ihrer Lieblingsprojekte zu arbeiten oder die Energie hinter der Wut in Brennstoff umzuwandeln, der Ihnen auf Ihrem Weg der Meisterschaft zur Verfügung steht.

Wir würden eine weitaus energiegeladenere Welt haben, wenn die Gesellschaft aufhören würde, uns zu zwingen, einen so großen Teil unserer selbst in diesen unsichtbaren Beutel zu stecken. Bis dahin hilft es, sich bewußtzumachen, daß die Menschen, die wir aufgrund ihrer Energie so bewundern, wissen, wie sie jene lodernde Kraft nützen können, die aus einem Bereich strömt, den wir *dunkel* nennen.

5. Setzen Sie Prioritäten. Bevor Sie Ihre potentielle Energie nutzen können, müssen Sie sich entscheiden, was Sie damit tun wollen. Und wenn Sie diese Entscheidung treffen, sehen Sie sich einem wahren Dilemma gegenüber: Wenn Sie in eine bestimmte Richtung gehen wollen, müssen Sie auf alle anderen Möglichkeiten verzichten. Sich für ein Ziel zu entscheiden bedeutet, eine sehr große Anzahl anderer potentieller Ziele aufzugeben. Ein Freund von mir, der 29 Jahre alt und auf der Suche nach dem Sinn des

Lebens ist, meinte: «Unsere Generation ist mit der Ideologie aufgewachsen, sich alle Möglichkeiten offenzuhalten. Aber wenn man das macht, bleibt einem überhaupt nichts zu tun!» Das Problem ist, daß eine Option, ein einziges Ziel nicht gleichzeitig alle anderen Möglichkeiten enthalten kann.

Diese Tatsache trifft nicht nur auf unser Lebensziel zu, sondern auch darauf, was man in den nächsten zehn Minuten machen sollte. Soll man nun den Kleiderschrank aufräumen, das neue Buch lesen oder einen Brief schreiben? Die konsumorientierte Wohlstandsgesellschaft hat die Wahlmöglichkeiten, denen wir uns gegenübersehen, vervielfacht. Das Fernsehen kompliziert die Lage noch weiter. Indem es uns unendliche Möglichkeiten bietet, verleitet es uns dazu, sich für keine zu entscheiden, sprachlos und staunend dazusitzen, in ein Koma zu fallen. Unentschlossenheit führt zu Untätigkeit, was wiederum ein niedriges Energieniveau, Depression und Verzweiflung zur Folge hat.

Letzten Endes schenkt uns nur das Akzeptieren von Grenzen eine Befreiung. Man kann nicht alles machen, aber man kann eine Sache machen und dann noch eine und noch eine. In bezug auf unsere Energie gesehen ist es besser, falsche Entscheidungen zu treffen als gar keine. Sie können damit anfangen, Ihre Prioritäten aufzulisten – für den Tag, die Woche, den Monat, für Ihr ganzes Leben. Schreiben Sie alles auf, was Sie heute oder morgen machen möchten. Ordnen Sie die Dinge auf dieser Liste in die Kategorien A, B und C. Anschließend sollten Sie zumindest die Punkte unter der Kategorie A erledigen. Versuchen Sie das gleiche mit Ihren langfristigen Zielen. Prioritäten verändern sich, und auch Sie können sie jederzeit ändern, aber es bringt mehr Klarheit in Ihr Leben, wenn Sie Ihre Ziele einfach schwarz auf weiß vor sich sehen – und Klarheit schafft Energie.

6. Verpflichten Sie sich. Handeln Sie. Der Weg des Meisters hat letzten Endes kein Ziel: Sie begeben sich auf den Weg um der

Reise willen. Aber wie ich bereits gesagt habe, gibt es auf dem Weg Zwischenziele, von denen das erste darin liegt, sich überhaupt auf den Weg zu machen. Und es gibt wohl kaum etwas, das auf einer Reise so unmittelbar Energie verschafft wie ein nahender, unumstößlicher Termin. Das wissen all diejenigen, die jemals einer Premiere entgegenfieberten, vor einem wichtigen Geschäftsabschluß standen oder den letztmöglichen Drucktermin für einen Artikel oder ein Buch einhalten mußten.

In unserer Aikido-Schule hängen wir viermal im Jahr einen Anschlag an das schwarze Brett, worin Schüler, die sich qualifiziert fühlen, aufgefordert werden, sich für die Prüfungen für den nächsten Rang anzumelden. Einige Schüler tragen sich sofort ein, während andere bis wenige Tage vor der Prüfung damit warten. Es ist sehr aufschlußreich, während des Trainings das sofortige Anwachsen von Klarheit und Energie zu beobachten, das aus der einfachen Handlung resultiert, seinen Namen auf ein Blatt Papier zu schreiben. Diejenigen, die sich erst später eintragen, haben weniger Zeit zur Verfügung, um die Energie zu genießen, die daraus erwächst, daß man sich zu etwas verpflichtet.

Der Vorteil eines von außen festgesetzten Termins steht nicht immer zur Verfügung. Manchmal muß man sich eigene Termine setzen. Aber dann sollte man sie auch ernst nehmen. Eine Möglichkeit besteht darin, einen solchen Termin öffentlich bekanntzugeben und Menschen, die einem wichtig sind, davon zu erzählen. Je fester der Termin steht, desto schwieriger ist es, ihn nicht einzuhalten – und desto mehr Energie entsteht daraus. Am wichtigsten ist es, anzufangen und dabeizubleiben. Machen Sie sich zwischendurch nicht in die Hosen. Planen Sie in aller Ruhe, aber planen Sie nicht zu lange. Goethe riet uns, mit dem anzufangen, zu dem wir fähig sind oder fähig zu sein glauben, denn Kühnheit birgt Genialität, Macht und Magie in sich.

7. Begeben Sie sich auf den Weg des Meisters, und bleiben Sie auf diesem Weg. Langfristig gesehen gibt es für ein erfülltes Leben nichts Wahrhafteres als den Weg des Meisters. Regelmäßige Übung bringt nicht nur Energie hervor, sondern fokussiert sie auch. Ohne die feste Basis einer Übungspraxis können festgelegte Termine zu gewaltigen Pendelbewegungen zwischen hektischen Aktivitäten und Zusammenbrüchen führen. Auf dem Weg des Meisters können Sie lernen, die Dinge in der richtigen Perspektive zu sehen, die Energie in guten wie in schlechten Zeiten fließen zu lassen. Außerdem lernen Sie, daß man Energie nicht horten kann, daß man sie nicht vermehren kann, indem man sie nicht verbraucht. Selbstverständlich sind angemessene Ruhephasen ein Teil dieser Reise, doch wenn Ruhe nicht von positiven Handlungen begleitet wird, kann sie zu Depressionen führen.

Es mag durchaus sein, daß ein Großteil der Depressionen und der Unzufriedenheit in der Welt – und vielleicht sogar ein gewisser Anteil des alles durchdringenden Unbehagens, das zu Kriminalität und Krieg führt – letztendlich auf diese ungenutzte Energie zurückzuführen ist, auf unser brachliegendes Potential. Menschen, deren Energie fließt, müssen keine Drogen nehmen, Verbrechen verüben oder in den Krieg ziehen, um sich wach und lebendig zu fühlen. Schließlich gibt es mehr als genug konstruktive, kreative Arbeit für jeden von uns. Wir alle können unser Energieniveau erhöhen – jetzt sofort.

12
Fallen entlang des Weges

Es ist leicht, sich auf den Weg des Meisters zu begeben. Die wirkliche Herausforderung besteht jedoch darin, auf diesem Weg zu bleiben. Der Reisende, der sich wirklich dem Weg verschreibt, wird dabei Fallen ebenso begegnen wie Belohnungen. Es wird Ihnen wahrscheinlich nicht möglich sein, alle dieser Fallen zu meiden, aber allein das Wissen um sie wird sich als hilfreich erweisen. Im folgenden beschreibe ich dreizehn Fallen, in die Sie auf Ihrem Weg gehen könnten.

1. Konflikte mit Ihrer Lebensweise. Der Weg des Meisters existiert nicht in einem luftleeren Raum. Er schlängelt sich durch eine Landschaft voller Verpflichtungen, Vergnügungen und Beziehungen. Derjenige, dessen Weg mit seiner Karriere und dem Broterwerb zusammentrifft, kann sich glücklich schätzen. Alle anderen müssen Raum und Zeit für Übungen, die ihnen zwar die Meisterschaft, aber kein Einkommen bringen, außerhalb ihrer normalen Arbeitszeit finden. Dabei sollte man realistisch bleiben: Wird es Ihnen wirklich gelingen, daß sich Ihr Beruf und Ihr Weg die Waage halten? Verzweifeln Sie nicht, denn wir alle verfügen über einen großen Vorrat an ungenutzter Energie (siehe Kapitel 11). Und wenn es Ihnen an Zeit mangelt, denken Sie an all die vielen Stunden, die Sie vermutlich vor dem Fernseher zubringen.

Familie und Freunde spielen ebenfalls eine wichtige Rolle. Unterstützen sie Sie bei Ihrem Vorhaben? Besonders wichtig ist es, daß Ihr Partner das tut. Der Psychologe Nathaniel Brandon rät seinen Klienten, niemals jemanden zu heiraten, der nicht ein Freund Ihrer Leidenschaften ist. Wenn auf dem Weg des Meisters etwas nicht so läuft wie erwartet, sollten Sie nicht vergessen, sich auch die übrigen Bereiche Ihres Lebens anzusehen. Könnten nicht auch sie nach den Prinzipien der Meisterschaft gelebt werden?

2. *Zwanghafte Zielorientierung.* Ich habe in diesem Buch bereits mehrmals darauf hingewiesen, daß der wohl gefährlichste Feind der Meisterschaft der Wunsch der meisten Menschen ist, schnelle, garantierte und sichtbare Resultate zu erzielen. Es ist gut, ehrgeizige Ziele zu haben, aber die beste Methode, diese zu erreichen, besteht darin, auf jedem Schritt des Weges eher bescheidene Erwartungen zu kultivieren. Mit anderen Worten: Wenn Sie einen Berg erklimmen, sollte Ihnen bewußt sein, daß der Gipfel vor Ihnen liegt, aber Sie sollten nicht auf ihn starren, sondern die Augen auf den Weg gerichtet lassen. Und einem alten Zen-Sprichwort zufolge sollte man weiterklettern, wenn man den Gipfel erreicht hat.

3. *Schlechte Unterweisung.* Sie haben bereits gelesen, wie wichtig eine gute Unterweisung ist und woran man eine schlechte erkennt (siehe Kapitel 5). Ich möchte hier noch einmal einige Punkte wiederholen: Geben Sie sich Ihrem Lehrer hin, aber nur in seiner Funktion als Lehrer und nicht als Guru. Wechseln Sie nicht ständig von einem Lehrer zum nächsten, aber bleiben Sie nicht aus Trägheit in einer Situation, die Ihnen nichts bringt. Denken Sie immer daran, daß die letztendliche Verantwortung für eine gute Unterweisung nicht bei Ihrem Lehrer, sondern bei Ihnen liegt.

4. *Mangelnde Wettbewerbsbereitschaft.* Nicht nur im Sport, sondern auch im Leben kann der Wettbewerb das Salz in der Suppe sein. Doch wenn Salz zum Hauptnahrungsmittel wird, wird man krank. Konkurrenz kann motivierend wirken und im Sport wie im Geschäftsleben den Zusammenhalt fördern, denn um mit jemandem um die Wette zu laufen, muß man sich zunächst darauf einigen, sich auf derselben Bahn zu messen.

Nehmen Sie den Wettbewerb mit anderen als Möglichkeit, Ihren so schwer erarbeiteten Fähigkeiten den letzten Schliff zu geben. Wer nicht bereit ist, mit vollem Einsatz zu spielen und gewinnen zu wollen, wertet nicht nur das Spiel ab, sondern beleidigt auch den Gegner. Siegen zu wollen ist ein wichtiger Bestandteil der Reise, aber nicht der einzige. Ein Merkmal des Meisters ist, daß er mit der gleichen Würde gewinnen und verlieren kann.

5. *Übertriebenes Konkurrenzdenken.* Der zukünftige Meister, der an nichts anderes als an den Sieg denken kann, wird langfristig gesehen ganz sicher verlieren. Die Aussage, daß Gewinnen nicht alles ist, sondern das einzige, was zählt, ist eine der größten Lügen. Wenn der Sieg wirklich das *einzige* wäre, dann wären Übung, Disziplin, Kondition und Charakterstärke *nichts.* Man sagt, daß das Gewinnen eine Gewohnheitssache ist, aber dasselbe trifft auch auf das Verlieren zu. Der Gedanke, man müsse der Größte sein, verbunden mit einem übertriebenen Konkurrenzdenken, bringt weit mehr Verlierer als Gewinner hervor. Wer weiß schon, wie viele potentielle Olympiasieger sich aus dem Sport zurückgezogen haben, weil sie Trainern in die Hände fielen, die ihnen predigten, der Sinn des Lebens läge darin, die andere Mannschaft zu schlagen – egal wie.

6. *Faulheit.* Man kann Faulheit wie ein Psychiater analysieren, in Begriffen wie Widerstand und Abhängigkeit, aber es wäre sinnvoller, sich mit dem Sinn des Wortes selbst auseinanderzusetzen, nämlich «eine Abneigung gegenüber Handlungen oder Anstrengungen, arbeitsscheu, träge, untätig». Der negative Gesichtspunkt ist, daß Faulheit einen vom Weg abbringen wird; positiv gesehen ist der Weg die beste Methode, um Faulheit zu überwinden. Also, nur Mut!

7. *Verletzungen.* Wenn Ihr Weg physisch orientiert ist, werden Sie sich wahrscheinlich – wie die meisten von uns – irgend-

wann Verletzungen zuziehen. Kleinere Verletzungen gehören einfach dazu, aber es gibt auch schwerere, die Sie vorübergehend oder endgültig von Ihrem Weg abbringen können. Die meisten dieser Verletzungen sind, von den Kontaktsportarten einmal abgesehen, wahrscheinlich vermeidbar. Menschen verletzen sich, weil sie in hohem Maße zielorientiert sind, weil sie sich selbst vorauseilen, weil sie nicht mitbekommen, was in ihren Körpern hier und jetzt vor sich geht. Die beste Methode, ein Ziel zu erreichen, ist, völlig präsent zu sein. Das Überschreiten bisheriger Grenzen wird durch einen behutsamen Umgang mit dem Körper erreicht und nicht, indem seine Botschaften ignoriert werden oder man sich über sie hinwegsetzt. Behutsamkeit erfordert Bewußtheit. Verletzungen zu vermeiden heißt nicht in erster Linie, vorsichtig zu sein, sondern vielmehr, bewußt zu sein. Das trifft sowohl auf geistige, emotionale als auch körperliche Verletzungen zu.

8. Drogen. Drogen können uns die Illusion eines sofortigen Erfolgs verschaffen, den unsere Kultur uns bei jeder Gelegenheit verspricht. Wer schnell vorankommen will, kann Drogen nehmen, um ständige Höhepunkte zu erleben, ohne dabei Zeit auf dem Plateau verbringen zu müssen. Zunächst scheint alles gutzugehen, doch der regelmäßige Konsum führt unweigerlich zur Katastrophe. Wenn Sie Drogen nehmen, befinden Sie sich nicht auf dem Weg!

9. Preise und Trophäen. Der übertriebene Einsatz äußerer Motivationshilfen kann Ihren Fortschritt auf dem Weg des Meisters verlangsamen oder sogar zum Versiegen bringen. Untersuchungen haben gezeigt, daß es den Lernprozeß anfangs zwar unterstützt, wenn Schülern Goldsterne als Belohnung für gute Leistungen verliehen werden, daß dann ihr Fortschritt aber schon bald zum Stillstand kommt, selbst wenn die Anzahl der Sterne erhöht wird. Hört man damit auf, fällt ihre Leistung unter das Niveau vergleichbarer Kinder, die nie Sterne erhalten haben.

Ein Bericht über die physiologischen Grenzen der Höchstgeschwindigkeit im Laufen ergab, daß einer der Hauptfaktoren, der dafür verantwortlich ist, daß die Geschwindigkeit von Spitzenläufern nicht weiter zunimmt, das Gewinnen einer wichtigen Medaille oder das Aufstellen eines Rekordes ist. «Die Spitzensportler hören nicht bei einer bestimmten Geschwindigkeit auf, sondern dann, wenn sie einen Rekord aufstellen», schrieben Henry W. Ryder, Harry Jay Carr und Paul Herget im *Scientific American* vom Juni 1976. «Ihre Nachfolger tun das gleiche. Sie komprimieren in ihrer relativ kurzen aktiven Karriere all die Errungenschaften großer Läufer der Vergangenheit und hören dann ebenso wie ihre Vorgänger mit der Goldmedaille auf. Da es die Medaille ist und nicht die Geschwindigkeit, die sie stoppt, kann die von ihnen erreichte Geschwindigkeit keinesfalls als äußerste Grenze angesehen werden.» Vielleicht werden wir nie erfahren, wie weit man diese Grenzen ausdehnen kann, was ein Mensch wirklich erreichen kann, bis wir erkannt haben, daß der größte Lohn nicht eine Goldmedaille ist, sondern der Weg selbst.

10. Eitelkeit. Es ist möglich, daß einer der Gründe, warum Sie sich auf den Weg gemacht haben, darin liegt, daß Sie Ihr Aussehen verbessern und Ihr Ansehen erhöhen wollten. Aber um etwas wirklich Wichtiges zu lernen, muß man bereit sein, wie ein Narr dazustehen. Selbst nach jahrelanger Übung kann man noch Bauchlandungen erleben. Wenn ein Nationalspieler den Ball verfehlt und auf den Hintern fällt, geschieht dies vor Hunderttausenden von Zuschauern. Daher sollten Sie doch eigentlich bereit sein, dies vor Ihrem Lehrer und ein paar Freunden oder Mitschülern zu tun. Wenn Sie immer daran denken, wie etwas aussieht oder wirkt, werden Sie nie die Konzentrationsfähigkeit erlangen, die für effektives Lernen und Spitzenleistungen erforderlich ist.

11. Humorlosigkeit. Ohne Lachen sind die schweren und steilen Abschnitte des Weges kaum zu ertragen. Humor macht es

Ihnen nicht nur leichter, er erweitert auch Ihren Horizont. Todernst zu sein heißt, an einer Einengung des Gesichtsfeldes zu leiden. Über sich selbst zu lachen erweitert das Sehfeld. Bei der Auswahl Ihrer Mitreisenden sollten Sie sich vor Leuten in acht nehmen, die besonders verbissen sind, sich selbst zu wichtig nehmen und nicht lachen können.

12. Unbeständigkeit. Beständiges Üben ist ein Merkmal des Meisters. Zeitliche und räumliche Kontinuität (soweit möglich) kann einen Rhythmus hervorbringen, der Sie erhebt und mit sich trägt. Selbst die Wiederholung Ihrer Lieblingsrituale vor, während und nach der Übung kann von Wert sein. Der Psychologe Mihalyi Csikszentmihalyi, der einen Zustand konzentrierter Glückseligkeit untersuchte, den er «Flow» nannte, wies darauf hin, daß manche Chirurgen ihre Hände vor einer jeden Operation auf genau die gleiche Weise waschen und auch ihren Kittel auf die gleiche Weise anziehen. So leeren sie ihren Geist von allen äußeren Ablenkungen und konzentrieren sich ausschließlich auf die vor ihnen liegende Aufgabe. Durch Unbeständigkeit verlieren Sie nicht nur Zeit zum Üben, auch das Üben selbst wird schwieriger. Sollten Sie allerdings einmal einige Übungsstunden versäumen, so nehmen Sie dies nicht als Ausrede, ganz aufzuhören. Der Weg des Meisters ist ein gewundener Pfad, der eine gewisse Flexibilität in bezug auf Strategie und Handeln erfordert. Beständigkeit ist von entscheidender Bedeutung, aber eine unsinnige Beständigkeit ist, wie Ralph Waldo Emerson meinte, eine Erfindung des Kleingeistes.

13. Perfektionismus. In gewisser Hinsicht ist es schade, daß die heutige Technologie uns so viele Meisterleistungen direkt ins Haus liefert. Der klassische Musiksender verspricht vierundzwanzig Stunden lang Orchestermusik der Weltklasse. Und diese Aufführungen werden nicht nur peinlich genau geprobt, sondern mehrfach aufgenommen, so daß die besten Teile zusammengeschnitten werden können. Dann wird die ganze

Aufnahme noch elektronisch verstärkt. Wanderausstellungen bringen die Werke von van Gogh, Degas, Gauguin und Manet bis in unser örtliches Kunstmuseum. Im Fernsehen können wir Spitzensportler, Tänzer, Eiskunstläufer, Sänger, Schauspieler, Komiker und Gelehrte sehen, die alle ihr Bestes geben. Wie können wir es da noch wagen, in unserem eigenen Leben von Meisterschaft zu sprechen?

Weiterhin gibt es diejenigen unter uns, die einfach zu selbstkritisch sind. Auch ohne uns mit den Weltbesten zu vergleichen, stellen wir so hohe Anforderungen an uns, daß weder wir noch jemand anders jemals in der Lage wäre, sie zu erfüllen. Es gibt nichts, was Kreativität mehr zerstört als diese Einstellung. Wir vergessen, daß es bei der Meisterschaft nicht um Perfektion geht, sondern um den Prozeß, die Reise an sich. Ein Meister ist jemand, der Tag für Tag, Jahr für Jahr auf dem Weg bleibt. Ein Meister ist jemand, der bereit ist, etwas zu versuchen, zu scheitern und es erneut zu versuchen – sein Leben lang.

13
Die Meisterung des Alltäglichen

Unser Denken wird dermaßen von Zielen, Resultaten und schnellen Lösungen in Anspruch genommen, daß wir auf diese Weise von unserem eigenen Erleben getrennt werden. Um es drastischer auszudrücken, berauben wir uns selbst um unzählige Stunden unseres Lebens. Wir wachen morgens auf und ziehen uns schnell an. (Das Anziehen selbst ist dabei nicht wichtig.) Wir essen schnell etwas, damit wir aus dem Haus können. (Das Frühstücken selbst ist dabei nicht wichtig.) Wir beeilen uns, zur Arbeit zu kommen. (Der Arbeitsweg selbst ist dabei nicht wichtig.) Möglicherweise ist unsere Arbeit interessant und befriedigt uns, und wir müssen sie nicht nur ertragen, während wir auf die Mittagspause warten. Und unter Umständen haben wir beim Mittagessen eine schöne, wirkliche Begegnung und eine faszinierende Unterhaltung. Vielleicht aber auch nicht.

In jedem Fall gibt es all die kleinen Pflichten, denen die meisten von uns nicht entkommen können: saubermachen, aufräumen, im Garten arbeiten, einkaufen, die Kinder irgendwo hinbringen, kochen, abwaschen, das Auto polieren, zur Arbeit fahren und die routinemäßigen, sich immer wiederholenden Anforderungen unseres Berufslebens erledigen. Dies ist die «Zeit dazwischen», in der wir alles mögliche erledigen müssen, bevor wir den Dingen nachgehen können, auf die es wirklich ankommt. Aber wenn man einmal darüber nachdenkt, stellt sich heraus, daß der größte Teil des Lebens aus dieser «Zeit dazwischen» besteht. Wenn unser Denken von der Zielorientierung beherrscht wird, bleibt nur wenig übrig, was wirklich wichtig ist. In einem normalen Jahr beträgt die tatsächliche Spielzeit für eine Mannschaft der National Football League

16 Stunden. Heißt das für die Spieler, daß die restlichen 8744 Stunden des Jahres zu dieser «Zeit dazwischen» gehören? Erhält die Zeit ihre Bedeutung nur durch das Endprodukt, durch das, was am Ende dabei herauskommt? Und wenn es stimmt, daß Gewinnen das einzige ist, was zählt, heißt das dann, daß selbst die Höhepunkte nur von Bedeutung sind, wenn man dabei gewinnt?

Man kann dieses Problem noch von einer anderen Warte aus betrachten. Die Übungspraxis des Zen ist scheinbar um die Zeiten des Sitzens und des Chantens herum organisiert. Doch jeder Zen-Meister wird einem erzählen, daß sich der Bau einer Mauer oder das Abwaschen des Geschirrs im Grunde nicht von der förmlichen Meditation unterscheidet. Die Qualität der Zen-Praxis eines Schülers zeigt sich ebenso darin, wie er den Hof ausfegt, wie auch darin, wie er in der Meditationshaltung sitzt. Sollte es uns nicht möglich sein, diese Art des Denkens auch auf weniger esoterische Situationen anzuwenden? Könnten wir nicht die verlorenen Stunden des Lebens zurückgewinnen, indem wir alles – das Gewöhnliche ebenso wie das Außergewöhnliche – zu einem Teil unserer Übung machen?

Die hohe Kunst des Autofahrens

Als Beispiel bietet sich das Autofahren an. Sagen wir einmal, Sie müßten 15 Kilometer fahren, um eine Freundin zu besuchen. Sie können die Fahrt selbst als diese «Zeit dazwischen» betrachten, etwas, das man schnell hinter sich bringen muß. Oder Sie können die Fahrt als Gelegenheit wahrnehmen, die Prinzipien der Meisterschaft anzuwenden. Dann nähern Sie sich dem Auto in einem Zustand vollkommener Bewußtheit. Sie sind sich der Tageszeit bewußt, der Temperatur, der Windgeschwindigkeit und Windrichtung, des Stands der Sonne oder ob es regnet, schneit oder hagelt. Diese Bewußtheit breitet sich aus und bezieht Ihre geistige, körperliche und emotionale Verfassung mit ein. Nehmen Sie sich einen Moment Zeit, um um den Wagen herumzugehen und seinen äußeren Zustand zu überprüfen, besonders die Reifen. Vergewissern Sie sich, daß die Windschutzscheiben sauber genug sind, um Ihnen eine gute Sicht zu gestatten. Überprüfen Sie den Stand des Öls und der anderen Flüssigkeiten, wenn es an der Zeit ist.

Öffnen Sie die Tür, setzen Sie sich auf den Fahrersitz und machen Sie aus den nun folgenden Handlungen ein Ritual: anschnallen, Sitz und Rückspiegel einstellen, den Widerstand des Bremspedals und das Spiel der Steuerung prüfen. Dann atmen Sie tief ein, bevor Sie den Motor anlassen. Richten Sie eine besondere Aufmerksamkeit auf mögliche Verspannungen in Nacken, Schultern und Bauch. Lehnen Sie sich zurück, so daß Ihr Rücken sich in gutem Kontakt mit der Rückenlehne befindet, so als ob Sie hineinsinken würden. Werden Sie sich bewußt, welchen Druck Ihr Gesäß und Ihre Beine auf den Sitz ausüben, und spüren Sie, wie Sie mit dem Sitz verschmelzen, wie Sie eins mit dem Auto werden.

Lassen Sie den Motor an und nehmen Sie aufmerksam die Geräusche und Vibrationen wahr. Überprüfen Sie alle Anzeigen, und vergewissern Sie sich, daß Sie genügend Benzin haben. Überlegen Sie, ob Sie in letzter Zeit irgendwelche Probleme mit dem Auto hatten und ob dies Ihre Fahrt auf irgendeine Weise beeinträchtigen könnte. Wenn Sie losfahren, affirmieren Sie im Geiste, daß Sie jederzeit die Verantwortung für den gesamten Raum um Ihr Auto herum übernehmen – hinten und an den Seiten ebenso wie vorne. Sie werden, soweit es möglich ist, so fahren, daß Sie einen Unfall vermeiden, unabhängig davon, was andere Fahrer tun mögen.

Auf dieser kurzen Fahrt bieten sich Ihnen viele Gelegenheiten, die Prinzipien der Meisterschaft zu üben. Wir unterschätzen das Autofahren häufig, weil es so normal ist, aber eigentlich benötigt man für das Lenken eines Fahrzeugs unter verschiedensten Wetter-, Verkehrs- und Straßenbedingungen eine extrem hohe Aufmerksamkeit, Konzentration,

Koordination und Urteilskraft. In den sechziger Jahren maßen Forscher der Universität von Kalifornien in Los Angeles die Gehirnwellenaktivität von Kandidaten für das Raumfahrtprogramm, während diese die Mondlandung in einem Simulator übten und auf einem Freeway in Los Angeles Auto fuhren. Es stellte sich heraus, daß die Gehirnaktivität beim Autofahren höher war.

Denken Sie nur an die folgenden hervorstechenden Fertigkeiten, die von jedem Fahrer verlangt werden: die möglichen Bewegungen aller Autos in der Nähe vorherzusehen, mit einer angemessenen Geschwindigkeit in eine Kurve hineinzufahren und im richtigen Moment wieder leicht Gas zu geben, sanft und kontinuierlich zu bremsen, statt auf das vordere Auto zuzurasen und erst im letzten Moment auf die Bremsen zu steigen, die Kupplung im richtigen Moment kommen zu lassen, auf einer vollen Autobahn die Spur zu wechseln, ohne andere Fahrer zu behindern, und elegant auf das Unerwartete zu reagieren.

Autofahren kann eine hohe Kunst sein, in der sich lange Zeiträume scheinbarer Routine mit kurzen Augenblicken voll erschreckender Herausforderungen abwechseln – mit der Möglichkeit, daß schon an der nächsten Ecke Verletzung oder Tod warten. Diese Überlegungen machen die Argumente für eine Meisterschaft beim Autofahren noch gewichtiger. Aber auch die Ausübung bescheidenerer Fertigkeiten kann durch die Anwendung dieser Prinzipien bereichert werden.

Der Haus-Meister

Nehmen wir das Abwaschen als Beispiel. Sie können es eilig und unkonzentriert machen, um es so schnell wie möglich hinter sich zu bringen. Sie können daraus aber auch eine Meditation machen, einen Tanz. Wenn Sie sich dafür entscheiden, sammeln Sie sich einen Augenblick, bevor Sie beginnen. Zentrieren Sie sich kurz, und bringen Sie sich ins Gleichgewicht (siehe Kapitel 14). Entscheiden Sie sich dann, in welcher Reihenfolge Sie das Geschirr abwaschen wollen, und fangen Sie an. Seien Sie sich jeder Ihrer Bewegungen bewußt. Auch wenn Sie hauptsächlich mit den Händen arbeiten, sollten Sie Ihre Aufmerksamkeit auf den Rest des Körpers ausdehnen, besonders auf die Füße, den Bauch, die Schultern und den Rücken. Stellen Sie sich vor, daß alle Ihre Bewegungen von Ihrer Körpermitte ausgehen, einem Punkt etwa zwei bis drei Zentimeter unterhalb des Bauchnabels. Bemühen Sie sich in Ihren Bewegungen um Effizienz, Eleganz und Anmut, und vermeiden Sie hastige, abrupte Gesten. Statt daran zu denken, daß Sie mit der Arbeit fertig werden wollen, um dann etwas anderes machen zu können, sollten Sie sich völlig auf den Augenblick, auf die vor Ihnen liegende Aufgabe konzentrieren. Und am wichtigsten ist es dabei, daß Sie sich nicht beeilen. Es könnte sein, daß Sie, wenn Sie sich nicht beeilen, schneller mit dem Abwasch fertig sind, als dies normalerweise der Fall wäre. Außerdem besteht eine gute Chance, daß Sie sich hinterher besser fühlen werden.

Das Leben ist voller Gelegenheiten, um sich dem unerbittlichen, gemächlichen Rhythmus der Meisterschaft hinzugeben, dessen Fokus auf den Prozeß selbst gerichtet ist und nicht auf das Ergebnis – und der paradoxerweise doch häufig mehr und bessere Ergebnisse in kürzerer Zeit hervorbringt als der gehetzte, übertrieben zielorientierte Rhythmus, der zum gesellschaftlichen Standard geworden ist. Es erfordert Übung, diesen Rhythmus zur Gewohnheit werden zu lassen.

Auf der Suche nach Meisterschaft im Alltäglichen ist der Bodenstaubsauger ein besonders hinterlistiger Lehrer. Die schlangengleiche Saugröhre und das lange Kabel scheinen in erster Linie dafür entwickelt worden zu sein, gegen jedes nur mögliche Objekt im Zimmer zu stoßen. Der Staubsauger selbst scheint fest entschlossen, entweder überall anzustoßen oder sich irgendwo zu verkeilen. Die jeweils aufgesetzte Düse scheint grundsätzlich die falsche zu sein. Das Kabel ist immer zu kurz und muß in den unpassendsten Momenten in eine andere Steckdose gesteckt werden.

Diejenigen von Ihnen, denen es gelungen ist, das Staubsaugen zu meiden, wissen nicht, was sie verpassen: eine lästige Pflicht – gewiß –, aber auch eine ausgezeichnete Gelegenheit, einige der Fertigkeiten zu üben, die auf dem Weg des Meisters vonnöten sind. Staub zu saugen ist nicht weniger anstrengend, als ein Formular für die Steuererklärung richtig auszufüllen, die Fußnoten in einer Doktorarbeit an der richtigen Stelle zu plazieren oder Ihren Golfschlag zu perfektionieren. Wer ein ganzes Haus staubsaugen kann, ohne einmal die Fassung zu verlieren, wer dabei ausgeglichen und zentriert bleiben und sich auf den Prozeß selbst konzentrieren kann, ohne so schnell wie möglich fertig werden zu wollen, der weiß, worum es bei der Meisterschaft geht.

Beziehungen als Herausforderung

Auf der Ebene der persönlichen Erfahrung gehen die verschiedenen Aspekte des Lebens nahtlos ineinander über – trotz der unermüdlichen Anstrengungen der Gesellschaft, es in kleine Schubladen zu unterteilen. Wie wir gehen, mit unseren Kindern reden und Liebe machen, ist auf eine sehr bedeutsame Weise damit verbunden, wie wir Ski laufen, studieren oder arbeiten. Wenn man darüber nachdenkt, erscheint es wirklich absurd, daß wir durchaus dazu bereit sind, uns voll auf die Verbesserung unseres Tennisspiels zu konzentrieren, solche «alltäglichen» Dinge wie Beziehungen jedoch dem Zufall überlassen.

In Wahrheit aber muß man, wenn man sich im Sport anstrengen muß, um dort die Meisterschaft zu erreichen, sich auch, und meist noch mehr, dafür einsetzen, um zur Meisterschaft in Beziehungen zu gelangen. Hier wie dort wird es Höhen und Tiefen geben und lange Phasen auf dem Plateau.

Und letzten Endes werden Sie entdecken, daß sich die wichtigsten Lernprozesse und Ihre Weiterentwicklung in jedem bedeutenden Bereich Ihres Lebens auf dem Plateau ereignen. Das trifft auch auf Beziehungen zu. In den folgenden fünf Absätzen möchte ich zeigen, wie die fünf Prinzipien der Meisterschaft auf Beziehungen anzuwenden sind.

Unterweisung. Manche Menschen halten nichts von einer Eheberatung oder von Büchern oder Kassetten über bessere Beziehungen. Es stimmt, daß manche Ratschläge oberflächlich sind und daß die Sprache in einigen der Bücher und Kassetten zum Erbrechen reizt. Aber eine intime Beziehung kann erstarren, bevor die Partner es überhaupt bemerken, und es ist schwierig, Probleme allein zu lösen. Auf dem Weg des Meisters – ob es dabei um Sport, Beziehungen oder etwas anderes geht – sollte man unbedingt die bestmögliche Führung wählen. Das kann ein Berater sein, ein Buch oder ein mitfühlender, aufgeschlossener Freund. Sehen Sie sich in aller Ruhe um, treffen Sie Ihre Entscheidung sorgfältig, holen Sie Empfehlungen ein.

Übung. Ein Sportler ist bereit dazu, seiner Sportart jede Woche mehrere Stunden voller Konzentration zu widmen. Paare, die auf dem Weg der Meisterschaft sind, könnten zumindest genausoviel tun und bestimmte Zeiten allein für ihre Beziehung reservieren, ohne eine Störung durch Kinder, Freunde, Arbeit und die üblichen Vergnügungen. Wie wir jedoch gesehen haben, geht Übung darüber hinaus und erfordert ein bestimmtes Durchhaltevermögen, die Fähigkeit, endlose Wiederholungen alltäglicher Handlungen zu genießen.

Hingabe. Die Fähigkeit, sich einer Kunst hinzugeben, ist das Merkmal eines Meisters, gleichgültig, ob es sich dabei um die Kunst des Kampfes oder die Kunst der Beziehung handelt. Sind Sie dazu in der Lage, ein altes Verhaltensmuster loszulassen, ohne genau zu wissen, wodurch es ersetzt werden wird? Sind

Sie bereit, in einer Streitfrage nachzugeben, damit die Beziehung wachsen und sich verändern kann? Das Komplizierte daran ist, das Ego aufzugeben und das Gleichgewicht zu halten. Je stärker Sie sind, desto mehr können Sie sich geben. Je mehr Sie sich geben, desto stärker können Sie werden.

Intention. Die Kultivierung einer positiven Einstellung ist auch in bezug auf Beziehungen ein wichtiger Schritt auf dem Weg des Meisters. Geistiges Durchhaltevermögen (die Fähigkeit, sich auf ein Problem oder ein langfristiges Ziel zu konzentrieren) in Verbindung mit Offenheit und Imagination (die Fähigkeit, Möglichkeiten zu erkennen und erstrebenswerte Zustände zu visualisieren) ist nicht nur auf Sport oder jede andere Tätigkeit anwendbar, sondern auch auf Beziehungen.

Des Messers Schneide. Der Weg des Meisters gründet auf unnachgiebiger Übung, aber er führt auch durch das Abenteuer. Ein Paar, das sich auf dem Weg befindet, bleibt für alle Erfahrungen offen und ist bereit, neue Spiele miteinander zu spielen, neue Tänze miteinander zu tanzen. Das vielleicht größte Abenteuer überhaupt ist die Intimität: die Bereitschaft, eine Schicht nach der anderen abzulegen und in bestimmten Augenblicken ganz in der Gegenwart zu leben, sich völlig zu offenbaren und als Gegenleistung nichts zu erwarten.

Letztendlich gibt es nichts Alltägliches, die «Zeit dazwischen» existiert nicht. Die Fäden, die all unsere Handlungen und all unsere Gedanken miteinander verbinden, sind unermeßlich. Alle Wege zur Meisterschaft werden eins.

Der Sinn dieses Kapitels war, Ihnen zu zeigen, daß die Prinzipien der Meisterschaft auf alles anwendbar sind, unabhängig davon, welche Fertigkeit Sie erlernen möchten oder welchen Weg Sie gehen wollen. Der chinesische Zen-Meister Layman P'ang (circa 740 bis 808 v. Chr.) beschrieb es so:

Mein Alltagsleben ist sehr gewöhnlich,
doch ich lebe in völliger Harmonie mit ihm.
Ich klammere mich an nichts, weise nichts von mir,
es gibt weder Hindernisse noch Konflikte.

Wen kümmern Reichtum und Ehre,
wenn selbst die kümmerlichste Sache erstrahlt.
Meine erstaunlichen Kräfte und spirituellen Übungen?
Wasser schöpfen und Holz sammeln.

14
Letzte Vorbereitungen für die Reise

Genug der Worte. Jetzt ist die Zeit gekommen, zu packen und sich auf den Weg zu machen. Es mag sein, daß Sie mit etwas völlig Neuem beginnen und den Weg in unbekannte Reiche der Meisterschaft einschlagen. Es mag sein, daß Sie sich endlich entschlossen haben, sich auf den Weg zu begeben, um einen lange gehegten Traum zu verwirklichen. Es mag auch sein, daß Sie gelobt haben, Ihr ganzes Leben als einen Prozeß der Meisterschaft zu sehen – so gut es eben geht.

Unabhängig davon, was Sie sich vorgenommen haben, finden Sie im folgenden einige Abschiedsgeschenke, die Sie in Ihren Rucksack tun können, um Ihre Reise angenehmer zu gestalten, und die Sie dann hervorholen können, wenn Sie auf die unvermeidlichen Stellen Ihres Weges treffen, die steil, steinig und schwer zu ertragen zu sein scheinen.

Die folgenden psycho-physischen Übungen stammen aus dem Leonard Energy Training (LET), einer Methode, die aus meiner Aikido-Praxis heraus entstand. Seit 1973 habe ich diese Methode etwa 50000 Menschen vorgestellt, darunter Sportlern, Managern und Paaren, die ihre Beziehungen verbessern wollten. LET sieht den Körper als Sinnbild dafür, wie man mit Alltagsproblemen umgeht, und als Instrument, um zu lernen, wie der Umgang mit diesen Problemen verändert werden könnte – unabhängig davon, ob es sich um körperliche, geistige oder emotionale Probleme handelt. Diese Methode kann besonders für diejenigen hilfreich sein, die sich auf den Weg des Meisters begeben haben.

Im Gleichgewicht sein und sich zentrieren. Im Gleichgewicht zu sein bedeutet, daß das Gewicht des Körpers vom Scheitel bis zu den Zehenspitzen gleichmäßig auf die rechte und linke Seite und vorne und hinten verteilt ist. Zentriert zu sein bedeutet, daß sich die körperliche Bewußtheit im Unterleib konzentriert und nicht etwa im Kopf oder in den Schultern, und daß alle Bewegungen aus dieser Mitte heraus entspringen. Dies ist besonders wichtig, da die psychische Ausgeglichenheit zu einem großen Teil davon abhängt, ob man physisch im Gleichgewicht und zentriert ist.

Für die meisten von uns kopflastigen, vorwärtsgetriebenen Menschen kann eine so einfache Handlung, wie die Aufmerksamkeit auf den Bauch zu richten, manchmal ganz erstaunliche Ergebnisse zur Folge haben. Die innere Einstellung und die Fähigkeit, auf eine Situation zu reagieren, können während einer Krise grundlegend verändert werden, indem man seine physische Mitte (ein Punkt im Unterleib, der etwa zwei bis drei Zentimeter unterhalb des Bauchnabels liegt) leicht berührt.

Versuchen Sie bitte die folgende Übung: Stehen Sie wie gewohnt da, und lenken Sie Ihre Aufmerksamkeit auf den oberen Teil des Körpers, indem Sie sich einige Male gegen die Stirn klopfen. Dann bitten Sie einen Partner, so von hinten gegen Ihre Schultern zu drücken, daß Sie Ihr Gleichgewicht verlieren und einen Schritt nach vorne machen müssen. Anschließend stehen Sie wieder wie zuvor und richten Ihre Aufmerksamkeit auf Ihre Mitte, indem Sie einige Male gegen Ihren Unterleib klopfen. Dann bitten Sie Ihren Partner, genauso stark wie beim erstenmal zu drücken. Die meisten Menschen entdecken, daß sie sich in einer stabileren Lage befinden, wenn sie ihre Aufmerksamkeit auf ihre Mitte richten.

Sie können sich die nachstehenden Anweisungen von einem Übungspartner vorlesen lassen, während Sie die folgende Gleichgewichts- und Zentrierungsübung ausführen. Der Partner sollte dabei langsam und deutlich lesen und an den gekennzeichneten Stellen kurze Pausen einlegen. Wenn Ihnen kein

Partner zur Verfügung steht, können Sie die Übung auch nach den Anweisungen auf der Kassette *Der längere Atem* von Vera F. Birkenbihl praktizieren oder sich selbst ein Band besprechen.

«Bitte stehen Sie mit Ihren Füßen etwa schulterbreit auseinander. Die Augen sind geöffnet, die Knie ganz leicht gebeugt, der Rücken ist gerade, die Arme hängen entspannt an den Seiten herunter. ... Berühren Sie nun mit den Fingern Ihrer rechten Hand einen Punkt etwa zwei bis drei Zentimeter unterhalb des Bauchnabels. Drücken Sie sie kräftig in den Unterleib hinein. ... Lassen Sie nun die rechte Hand fallen. ... Atmen Sie normal, und lassen Sie den Atem in den Körper hinunterströmen, als ob er direkt in Ihre Mitte fließen würde. Erlauben Sie Ihrem Bauch, sich mit der Einatmung zu weiten, von der Mitte ausgehend nach vorne, nach hinten, seitlich und nach unten, hin zum Beckenboden. ...

Atmen Sie weiterhin ganz entspannt, und heben Sie nun die Arme vor dem Körper in die Höhe. Die Handgelenke sind dabei völlig entspannt. Schütteln Sie Ihre Hände so kräftig, daß der ganze Körper vibriert. ... Senken Sie die Arme langsam wieder zur Seite. Sobald sie die Beine berührt haben, erlauben Sie ihnen, ganz langsam direkt vor dem Körper emporzuschweben, so als ob Sie bis zum Hals in warmem Meerwasser stehen und Ihre Arme zur Oberfläche treiben würden. Während die Arme emporschweben, senken Sie Ihren Körper ein wenig, indem Sie die Knie leicht beugen. Die Hände sind entspannt, die Handgelenke zeigen nach unten, so als ob sie auf der Wasseroberfläche treiben würden. Der Rücken bleibt gerade. Sobald Ihre Arme die Horizontale erreichen, drehen Sie die Handflächen so, als ob Sie einen großen Wasserball ganz sanft vor sich herschieben würden. Die Schultern sind dabei ganz entspannt. ... Jetzt bewegen Sie die Hände hin und her, von links nach rechts und wieder zurück, als ob Sie durch die geöffneten Handflächen Dinge sehen und spüren könnten. ...

Schütteln Sie nun Ihre Hände aus, und wiederholen Sie diesen Übungsschritt. Senken Sie die Arme seitlich des Körpers, und erlauben Sie ihnen, wieder emporzuschweben. Während die Arme in die Höhe schweben, senkt sich der Körper etwas. Die Knie sind leicht gebeugt, der Rücken ist gerade. Nun drehen Sie die Handflächen nach vorne und bewegen die Arme von einer Seite zur anderen, als ob Sie die Welt durch Ihre Handflächen wahrnehmen würden. ...

Gut. Lassen Sie nun die Hände fallen, und lassen Sie sie ganz natürlich hängen – völlig entspannt. ... Schließen Sie die Augen. Die Knie sind nur ganz leicht gebeugt. Spüren Sie, ob Ihr Körpergewicht gleichmäßig auf dem rechten und dem linken Fuß verteilt ist. Verlagern Sie Ihr Gewicht ganz leicht von einer Seite zur anderen, um so Ihr exaktes Gleichgewicht zu finden. ... Spüren Sie nun, ob Ihr Gewicht gleichmäßig auf die Fußballen und die Hacken verteilt ist. ... Die Knie sind nur ganz leicht gebeugt. ... Die Augen bleiben weiterhin geschlossen. Sie können jederzeit eine noch angenehmere Haltung einnehmen. ... Bewegen Sie den Kopf nach vorne und nach hinten, um den Punkt zu entdecken, an dem er mit der geringsten Muskelspannung aufrecht gehalten werden kann. Nehmen Sie Ihren Körper so deutlich wahr, als ob Sie im Radio nach einem schwachen Sender suchen wollten. ...

Entspannen Sie den Unterkiefer ... die Zunge ... die Muskeln um die Augen herum ... die Stirn, Schläfen, Kopfhaut ... und den Nacken. ...

Ziehen Sie nun mit einer kräftigen Einatmung die Schultern hoch, und spannen Sie sie ganz fest an. ... Mit der Ausatmung lassen Sie die Schultern fallen. Sie fallen nicht nach vorne, sondern schmelzen nach unten – wie warmes Bienenwachs. Lassen Sie sie mit jeder Ausatmung etwas mehr schmelzen. ... Dehnen Sie nun dieses schmelzende Gefühl auf die Arme aus, bis hin zu den Händen. Ihre Hände werden schwer und warm. ... Erlauben Sie dem Gefühl des Schmelzens, sich über die Schulterblätter hinunter auszubreiten ... über den Brustkorb ... vorne, hinten und an den Seiten ... bis in das Zwerchfell hinunter. ... Erlauben Sie den Organen, zur Ruhe zu kommen, sich zu entspannen, weich zu werden. ... Entspannen Sie nun das Becken. Lassen Sie alle Spannung los. Mit jeder Ausatmung lassen Sie etwas mehr los. ... Erlauben Sie diesem schmelzenden Gefühl, sich die Beine hinunter bis in die Füße hinein auszubreiten. ... Spüren Sie, wie Ihre Füße den Boden wärmen und wie der Boden Ihre Füße wärmt. Spüren Sie den beruhigenden Zug der Schwerkraft, der Sie an die Erde bindet und die Erde an Sie. ...

Lenken Sie nun Ihre Aufmerksamkeit auf den rückwärtigen Teil Ihres Körpers. Wie wäre es wohl, wenn Sie spüren könnten, was hinter Ihnen vorgeht? Wie wäre das? Wie wäre es wohl, wenn Sie Sensoren oder Augen im Nacken hätten? ... Im Rücken? ... In den Kniekehlen? ... An den Hacken? ... Ist es Ihnen mit geschlossenen Augen möglich, ein Gefühl dafür zu bekommen, was sich hinter Ihnen befindet? ...

Senden Sie nun einen Strahl aus Bewußtsein durch Ihren ganzen Körper, wie einen Scheinwerfer, und suchen Sie nach Stellen, die verspannt, steif oder taub sind. Erhellen Sie diese Bereiche, konzentrieren Sie sich darauf. Manchmal genügt es schon, sich dieser Stellen einfach nur bewußt zu sein, um die Probleme zu lösen. ...

Konzentrieren Sie sich wieder auf den Atem. ... Werden Sie sich Ihres eigenen Rhythmus gewahr. ... Öffnen Sie nun mit der Einatmung die Augen. Schauen Sie auf nichts Besonderes. Lassen Sie einfach die Welt zu sich herein. ... Gehen Sie langsam, entspannt und mit weichen Augen umher, bewahren Sie sich den entspannten und ausgeglichenen Zustand, den Sie erreicht haben. ... Lassen Sie Ihre körperliche Mitte ein Zentrum von Bewußtheit sein. ... Spüren Sie, ob sich nach dieser Übung etwas anders anfühlt oder anders aussieht.»

Wenn Sie diese Gleichgewichts- und Zentrierungsübung einige Male gemacht haben, wird es Ihnen möglich sein, sie auch in einer kürzeren Zeit auszuführen – wahrscheinlich werden Sie dann nur noch ein paar Sekunden dafür benötigen. Um das Wichtigste noch einmal zu wiederholen: Der Körper kann als Metapher für alles andere angesehen werden. Ihre Beziehungen, Ihre Arbeit, Ihre täglichen Aufgaben, Ihr ganzes Leben können zentriert und ins Gleichgewicht gebracht werden.

Zum Mittelpunkt zurückkehren. Auf Ihrem Weg wird es Augenblicke geben, in denen Sie aus der Mitte geworfen werden, unabhängig davon, wie geübt und ausgeglichen Sie sein mögen. Verzweifeln Sie nicht; es gibt eine Übung für derartige Situationen. Und wenn Sie dabei bewußt bleiben, besteht die Möglichkeit, daß Sie auf einem höheren Niveau zu Ihrem zentrierten Zustand zurückkehren werden. Hier beschreibe ich zwei Wege, wie Sie Ihre Mitte wiederfinden können.

1. Stehen Sie mit geschlossenen Augen da, finden Sie Ihr Gleichgewicht und zentrieren Sie sich. Beugen Sie die Knie, und lehnen Sie sich aus der Hüfte heraus nach vorne. Lassen Sie die Arme herabhängen. Wenn Sie sich an diese Haltung gewöhnt haben, richten Sie sich schnell und plötzlich auf und öffnen sofort die Augen. Nehmen Sie Ihr Gefühl der Desorientierung voll und ganz wahr, kämpfen Sie nicht darum, die Fassung wiederzuerlangen. Statt dessen berühren Sie mit einer Hand Ihre Mitte und sinken in einen ausgeglichenen und zentrierten Zustand. Nehmen Sie bewußt wahr, was während dieses Vorgangs geschieht. Kann es sein, daß das Gleichgewicht und das Gefühl der Zentriertheit irgendwie stärker sind, nachdem Sie sie vorübergehend verloren hatten?

2. Führen Sie die Gleichgewichts- und Zentrierungsübung mit offenen Augen aus. Drehen Sie sich nun mit offenen Augen einige Male linksherum, dann rechtsherum, so daß Ihnen etwas schwindelig wird. Übertreiben Sie es nicht. Hören Sie nun auf, sich zu drehen, berühren Sie Ihre Mitte und kehren Sie in den ausgeglichenen und zentrierten Zustand zurück. Lenken Sie Ihre Bewußtheit auf die Fußsohle. Auch bei dieser Übung sollten Sie wahrnehmen, was während des gesamten Vorgangs geschieht.

Erinnern Sie sich an dieses Gefühl, wenn Sie tatsächlich einmal die Mitte verlieren – sei es physisch oder psychisch.

Aus unerwarteten Schlägen Nutzen ziehen. Unabhängig davon, wie gut wir unser Leben planen, wird es plötzliche Schocks für uns bereithalten – Unglücksfälle physischer oder psychischer Art, die meist dann auftreten, wenn wir am wenigsten damit rechnen. Ein solcher unerwarteter Schicksalsschlag kann der Verlust eines besonders geschätzten Schmuckstückes sein oder der Verlust eines geliebten Menschen, er kann darin bestehen, daß Sie gefeuert werden oder daß Ihr Partner Sie verläßt. Manchmal kämpfen wir blindlings gegen diese Mißgeschicke an, wodurch sie noch mehr Macht über unser Leben gewinnen. Dann wiederum stählen wir uns und verneinen den Schmerz und den Schock, wodurch *all* unsere Gefühle blockiert werden und es unmöglich wird, aus dieser Erfahrung etwas Positives zu ziehen. Manchmal verschwenden wir unsere Zeit, indem wir nichts weiter tun, als über unser Schicksal zu jammern. Im folgenden stelle ich Ihnen eine andere Vorgehensweise vor, eine Möglichkeit, auch aus schweren Schlägen Energie zu beziehen. Man könnte sagen, daß der Schlag zum Geschenk wird.

Bitten Sie jemanden, sich hinter Sie zu stellen. Kommen Sie mit offenen Augen ins Gleichgewicht, und zentrieren Sie sich. Wenn Sie bereit sind, heben Sie die Arme seitlich hoch, bis sie einen Winkel von 45° zum Körper bilden. Auf dieses Zeichen hin schleicht sich Ihr Partner an und ergreift eines Ihrer Handgelenke kräftig genug, um Sie zu erschrecken, das heißt, um einen unerwarteten Schlag zu simulieren. Wehren Sie sich nicht dagegen, und tun Sie nicht so, als ob Sie sich nicht erschreckt hätten.

Nehmen Sie statt dessen bewußt wahr, wie sich der Angriff auf Sie ausgewirkt hat. Beschreiben Sie es mit Worten, und seien Sie dabei so spezifisch wie möglich. Zum Beispiel: «Mein Herz schien stillzustehen» oder «Ich mußte blinzeln, und so etwas wie ein elektrischer Schlag schien meinen linken Arm hochzuschießen.» Ihr Partner hat Ihr Handgelenk noch immer fest im Griff, und Sie beschreiben weiterhin Ihre Gefühle. Verschweigen Sie nichts. In dieser Situation und vor allem bei wirklichen Schlägen ist es wichtig, der Situation fest ins Auge zu blicken und die aufkommenden Gefühle wahrzunehmen und anzuerkennen.

Nachdem Sie Ihre Gefühle geschildert haben, senken Sie den Körper, indem Sie die Knie leicht beugen, und kehren Sie in den ausgeglichenen und zentrierten Zustand zurück, während Ihr Partner weiterhin Ihr Handgelenk hält. Könnte Ihnen dieser Griff nicht zusätzliche Energie verleihen, die Sie dazu nutzen könnten, um mit der Situation umzugehen – und noch darüber hinauszugehen?

Atmen Sie tief ein und aus. Erlauben Sie dem Gefühl von Erregung und Klarheit, das durch die Ausschüttung von Adrenalin in Ihren Blutkreislauf ausgelöst wurde, durch Ihr ganzes Wesen zu zirkulieren. Nun läßt Ihr Partner Ihr Handgelenk wieder los. Gehen Sie locker und entspannt umher. Seien Sie sich bewußt, daß jedes plötzliche Mißgeschick, das Ihnen auf Ihrem Weg zustoßen kann, in positive Energie umgewandelt werden kann.

Das Konzept des Ki. Auf Japanisch heißt es *Ki*, auf Chinesisch *Chi*, auf Griechisch *Pneuma*, im Sanskrit *Prana* und im «Krieg der Sterne» *die Macht*. Traditionsgemäß hat das Wort die Bedeutung von Atem und wird als grundlegende Energie des Universums angesehen, die alle Dinge miteinander verbindet und jeder schöpferischen Handlung zugrunde liegt. Alle östlichen Kampfkünste beruhen auf dieser Energie. Kampfkünstler können angeblich außerordentliche Kräfte erlangen, indem sie den Strom des *Ki* kontrollieren oder ihn auf äußere Objekte richten. Es gibt unzählige Legenden, die von Meistern berichten, die einen Angreifer aus mehreren Metern Entfernung aufhalten oder sogar zu Boden werfen konnten. Karateka behaupten, daß es – mehr noch als Muskelkraft – das *Ki* ist, das es ihnen ermöglicht, Bretter oder Zementblöcke zu zerschlagen.

Bisher ist es schwierig gewesen, *Ki* zu messen; Skeptiker schreiben seine Kräfte der Suggestion zu, einer Art dynamischem Placebo-Effekt. Für den Pragmatiker ist dieser Unterschied allerdings unwichtig. Aikido ist eine Kunst, in der *Ki* eine besonders wichtige Rolle spielt, und im Laufe meiner langen Aikido-Praxis ist mir aufgefallen, wie stark die Wechselbeziehung zwischen der Wahrnehmung meines persönlichen *Ki* und der Effektivität meiner Techniken ist (siehe den vierten Schlüssel: Intention).

Das Konzept des *Ki* eröffnet einem ungeübten Menschen eine wirksame Möglichkeit, zunehmende Kraft bei gleichzeitiger Entspannung wahrzunehmen. Da dieser Kraftzuwachs besonders in Zeiten der Erschöpfung oder unter Streßbedingungen zu spüren ist, ist das Konzept des *Ki* etwas sehr Nützliches, das man für die Reise einpacken sollte.

Im folgenden beschreibe ich eine Übung, die die Kraft demonstrieren soll, die aus der Visualisierung von *Ki* gewonnen werden kann. Da Sie im Rahmen dieser Übung aufstehen müssen, während Ihr Partner versucht, Sie daran zu hindern, sollten Sie von dieser Übung absehen, falls Sie Knie-, Rücken- oder Unterleibsbeschwerden haben.

Sie sitzen auf einem Stuhl mit gerader Rückenlehne. Ihre Hände ruhen auf den Knien. Stehen Sie mehrmals hintereinander auf, und beobachten Sie dabei, auf welche Weise Sie dies tun. Nun legt Ihr Partner seine Hände auf Ihre Schultern und drückt nach unten. Versuchen Sie jetzt wieder wie vorher aufzustehen, und drücken Sie mit Ihrer Muskelkraft gegen den Druck Ihres Partners. Ihr Partner sollte gerade so stark drücken, daß es schwierig für Sie ist, aufzustehen.

Nun nimmt Ihr Partner seine Hände von Ihren Schultern. Bleiben Sie sitzen, und entspannen Sie sich einen Augenblick lang. Entspannen Sie besonders Brust und Schultern. Spüren Sie die feste Verbindung Ihrer Füße mit dem Boden. Legen Sie die linke Handfläche auf Ihren Unterleib, und fühlen Sie, wie sich dieser mit jeder Einatmung weitet. Legen Sie Ihre linke Hand zurück auf Ihr Knie, und atmen Sie auf dieselbe Art weiter wie bisher.

Stellen Sie sich nun einen strahlenden Energieball von etwa der Größe einer Pampelmuse in der Mitte Ihres Unterleibes vor. Stellen Sie sich vor, daß dieser sich mit jeder Einatmung ausdehnt und mit der Ausatmung wieder zusammenzieht. Konzentrieren Sie sich ganz auf diesen Ball aus *Ki*. Nun drückt Ihr Partner wieder mit der gleichen Kraft wie zuvor auf Ihre Schultern.

Diesesmal sollten Sie den Druck nicht weiter beachten. Setzen Sie voraus, daß der *Ki*-Ball Ihnen die Kraft geben wird, aufzustehen. Konzentrieren Sie sich weiterhin auf das *Ki* in Ihrem Unterleib, und stehen Sie wie vorher auf – ohne dabei Muskelkraft einzusetzen.

Haben Sie den Unterschied zwischen den beiden Versuchen gespürt? Ob *Ki* nun «wirklich» ist oder nur ein psychologisches Hilfsmittel, ist wahrscheinlich nicht so wichtig wie die Ergebnisse, die Sie damit erzielen. Aber unabhängig davon, wie man *Ki* interpretieren will, haben Sie es nicht erschaffen. Das *Ki* war bereits da, es ist überall.

Kraft durch Entspannung. Kraft und Macht sind eng miteinander verwandt. Richtig angewendet, dienen sie nicht dazu, andere Menschen zu beherrschen, sondern das eigene Potential zu verwirklichen. Außerdem ist Kraft eng mit Entspannung verbunden. So wie ein verspannter Muskel an Kraft verliert, wird auch eine starre, verkrampfte und arrogante geistige Haltung letztendlich nicht zum Erfolg führen.

Beginnen Sie die folgende Übung im Stehen, und strecken Sie einen Arm horizontal direkt vor Ihrem Körper aus. Dabei ist es gleichgültig, welchen Arm Sie nehmen. Die Hand sollte geöffnet sein, die Finger leicht gespreizt, und der Daumen sollte direkt nach oben zeigen. Ihr Partner steht neben dem Arm und beugt ihn am Ellenbogen, indem er am Handgelenk nach oben drückt und am Ellenbogen nach unten. Leisten Sie keinen Widerstand. Achten Sie bitte darauf, daß es hier um die Beugung des Ellenbogens geht und nicht um eine Bewegung in der Schulter.

Nun werden Sie auf zwei völlig verschiedene Arten versuchen, Ihren Arm stark und unbeugsam zu machen. Ihr Partner wird mit wachsender Anstrengung jeweils versuchen, Ihren Arm am Ellenbogen zu beugen. Ihr Partner sollte allerdings nicht so viel Kraft einsetzen, daß ein Kampf daraus wird. Denken Sie daran, dies ist kein Wettbewerb, sondern einfach nur ein Vergleich zweier verschiedener Ausdrucksformen von Kraft. Dabei kommt es darauf an, zu erkennen, wieviel Anstrengung nötig ist, um den Arm gerade zu halten.

1. Machen Sie den Arm steif. Gebrauchen Sie Ihre Muskeln, um zu verhindern, daß der Arm gebeugt wird. Ihr Partner setzt langsam immer mehr Kraft ein, um Ihren Arm zu beugen. Es mag sein, daß es ihm gelingt – oder auch nicht. Auf jeden Fall sollten Sie spüren, wie sehr Sie sich anstrengen müssen und, noch wichtiger, wie Sie sich dabei fühlen.

2. Lassen Sie nun Ihren Arm in die gleiche horizontale Position emporschweben. Spüren Sie diesmal, wie lebendig Ihr Arm

ist und wie die Energie von der Schulter bis in die Fingerspitzen fließt. Stellen Sie sich nun vor, Ihr Arm wäre Teil eines starken Laserstrahls, der über Ihre Fingerspitzen hinaus durch Wände und andere vor Ihnen liegende Objekte bis ans Ende des Universums strahlt. Dieser Laserstrahl ist dicker als Ihr Arm, und Ihr Arm ist ein fester Bestandteil davon. Wenn Sie wollen, können Sie diesen Laserstrahl *Ki* nennen. Ihr Arm ist weder steif noch angespannt. Im Gegenteil, er ist ziemlich entspannt. Denken Sie aber daran, daß entspannt sein nicht heißt, schlaff zu sein. Ihr Arm ist voller Leben und Energie. Wenn irgend jemand versuchen sollte, diesen Arm zu beugen, würde der Strahl noch stärker und durchdringender werden, und ohne jede Anstrengung würde auch Ihr Arm stärker werden.

Nun sollte Ihr Partner mit dem gleichen Kraftaufwand wie zuvor versuchen, Ihren Arm zu beugen. Spüren Sie, wieviel Anstrengung Sie diesmal aufwenden. Wie fühlt es sich an?

Die überwiegende Anzahl der Menschen, die diese Übung ausprobiert haben, entdeckt, daß der «Energie-Arm» weitaus stärker und unbeugsamer ist als der «Muskel-Arm». Elektromyographische Messungen der elektrischen Muskelaktivität haben ergeben, daß diese subjektive Einschätzung korrekt ist. Der Energie-Arm wird zwar etwas nachgeben, aber es ist unwahrscheinlich, daß er wie der Muskel-Arm gebeugt werden kann.

Die Schlußfolgerungen im Hinblick auf die körperliche Leistungsfähigkeit sind offensichtlich: Entspannung ist ein integraler Bestandteil von Kraft. Wenn wir den Körper als Metapher für unser restliches Leben ansehen, werden die Schlußfolgerungen sogar noch bedeutsamer. Was für eine Welt könnte dies sein, wenn wir unserer Kraft Ausdruck verleihen könnten, ohne dabei verspannt und steif zu sein!

Ich hoffe, daß diese Abschiedsgeschenke zusammen mit den anderen Informationen in diesem Buch Ihnen auf Ihrem Weg der Meisterschaft helfen werden. An dieser Stelle wird mir allerdings klar, wie unwichtig all das ist, was ich oder jemand anders Ihnen geben kann – verglichen mit dem, was Sie bereits haben. Sie sind der Höhepunkt einer phantastischen evolutionären Reise. Ihre DNS enthält mehr Informationen als alle Bibliotheken der Welt – Informationen, die bis zum Anbeginn des Lebens zurückreichen. Potentiell sind Sie der großartigste Allroundsportler, der jemals auf diesem Planeten gelebt hat. Es gibt viele Geschöpfe, die spezialisiertere Sinnesorgane besitzen, aber insgesamt gesehen ist kein anderes Lebewesen so gut ausgerüstet und integriert wie Sie. Das Auge des Menschen kann ein einzelnes Lichtquant wahrnehmen – die kleinstmögliche Energiemenge – und mehr als zehn Millionen Farben unterscheiden.

Ihr Gehirn ist die komplexeste Einheit im uns bekannten Universum; die Milliarden seiner funkelnden Nervenzellen kommunizieren miteinander auf so mannigfaltigen Wegen, daß sie die Fähigkeiten eines jeden bislang gebauten oder vorstellbaren Computers in den Schatten stellen. Wenn man die gesamten schöpferischen Fähigkeiten des Menschen angemessen beschreiben will, muß man sagen, daß sie praktisch unbegrenzt sind.

Unabhängig davon, wie alt Sie sind, wie Sie aufgewachsen sind oder welche Erziehung Sie genossen haben, bestehen Sie zum größten Teil aus ungenutztem Potential. Es ist Ihre evolutionäre Bestimmung, das zu nutzen, was ungenutzt ist, zu lernen und bis ans Ende Ihres Lebens weiterzulernen. Es ist nicht immer leicht, sich für diese Bestimmung zu entscheiden und den Weg der Meisterschaft zu gehen, doch dies ist das größte Abenteuer des Menschen. Ziele werden in einiger Entfernung auftauchen, sie werden erreicht und hinter sich gelassen werden, und der Weg wird immer weiter gehen. Er wird nie enden.

Wie man die Reise beginnt? Mit dem ersten Schritt. Wann? Jetzt!

Epilog
Der Meister und der Narr

«Ich will wissen, wie ich lernen kann zu lernen!»

Es war keine Bitte, sondern eher eine Forderung, beinahe schon eine Drohung. Er war ein Mann aus den Bergen, mit dem langen schwarzen Haar, dem mächtigen Schnauzbart und der altmodischen Kleidung eines Gesetzlosen aus dem 19. Jahrhundert. Menschen wie er lebten illegal in den zerklüfteten Bergen des Los-Padres-Nationalparks entlang der Küste bei Big Sur in Kalifornien – dort, wo sonst nur Fischadler und Falken, Berglöwen und Wildschweine leben. Es war gegen Ende der sechziger Jahre; ich hatte soeben die letzten Korrekturfahnen meines Buches über Erziehung abgeliefert und war in das etwa vier Stunden südlich von San Francisco gelegene *Esalen Institute* gefahren, um mich übers Wochenende zu entspannen.

Als ich mich dem Haus näherte, einem rustikalen Gebäude, das direkt am Pazifik auf einer der wenigen flachen Stellen zwischen dem Meer und den Los-Padres-Bergen lag, hörte ich den Klang von Konga-Trommeln. Im Innern des Hauses saß dieser Mann aus den Bergen an einer der Trommeln. Um ihn herum saßen acht Leute, von denen jeder ebenfalls eine Trommel hatte. Es sah so aus, als ob er denjenigen, die Lust hatten mitzumachen, eine Art außerplanmäßigen Unterricht erteilte. Eine der Trommeln war frei. Ich nahm sie mir, setzte mich dazu und folgte dem Unterricht, so gut ich konnte. Als die Session vorbei war, wollte ich gehen, aber der Mann folgte mir, faßte meine Schulter und starrte mich bedeutungsvoll an.

«Mann!» sagte er, «du kannst vielleicht lernen.»

Ich war sprachlos. Ich war diesem Menschen nie zuvor begegnet, und ganz bestimmt konnte er nicht wissen, daß ich gerade ein Buch über das Lernen geschrieben hatte. Aufgrund meiner konservativen Stadtkleidung hatte er wahrscheinlich angenommen, daß ich noch nie Konga gespielt hatte, das damals beliebteste Instrument der Gegenkultur, und hatte sich von meinen scheinbar schnellen Fortschritten beeindrucken lassen. Seine Worte schmeichelten mir so sehr, daß ich ihm verschwieg, daß ich schon früher einmal gespielt hatte. Er erzählte mir, daß er ein Künstler war, der Metall mit einem Schneidbrenner bearbeitete, und daß er seit einem Jahr nicht mehr weitergekommen wäre; er fühlte sich nicht mehr als Lernender. Nun wollte er, daß ich, den er für einen Lernenden hielt, zu ihm in die Berge käme, mir seine Arbeit ansah und ihm sagte, wie er ein Lernender werden könnte. Er wollte gleich losfahren, und ich könnte ihm mit meinem Wagen folgen, wenn ich wollte.

Die Einladung warf zwar meine Pläne über den Haufen, aber ich wußte, daß dies eine einmalige Gelegenheit war, den verborgenen Schlupfwinkel eines der legendären Bergmenschen von Big Sur zu besuchen. Also stimmte ich sofort zu. Ich folgte seinem verbeulten Wagen eine steile und holprige Schotterstraße hinauf, dann über eine Bergwiese zu einem Pfad, der nur aus zwei Reifenspuren bestand und durch einen Wald mit immergrünen Eichen, Erdbeer- und Lorbeerbäumen führte. Der Wagen schien sich endlos lang den Berg hinaufzuquälen, bis wir schließlich nicht weit von den höchsten Gipfeln der Bergkette auf eine Lichtung kamen. Auf ihr standen mehrere kleine Bauten aus Holz: eine Hütte mit zwei Räumen, ein Werkzeugschuppen, ein zusammengezimmertes Studio für Metallskulpturen und etwas, das ein Hühner- oder Kaninchenstall gewesen sein könnte. Einmal sah ich eine schlanke junge Frau mit langem blondem Haar wie einen Geist am Rand der Lichtung stehen. Er erwähnte sie mit keinem Wort.

Der Bergmensch hieß mich in die solide gebaute Hütte eintreten, die ein großes Fenster hatte, durch das man auf den 1300 Meter tiefer gelegenen Pazifik sehen konnte, der in der Nachmittagssonne metallisch glänzte. Wir saßen herum und unterhielten uns eine Zeitlang über dieses und jenes. Ich fühlte mich etwas verloren. Ohne die Konga-Trommeln, die herumstanden, hätte man meinen können, wir befänden uns zu Beginn des 19. Jahrhunderts in der Hütte eines Pioniers. Alles schien mir wie ein Traum: die überraschende Einladung, die wilde Fahrt, die geheimnisvolle Frau, die endlose glitzernde Weite des Meeres zwischen den Bäumen.

Als der Bergmensch verkündete, daß wir nun hinausgehen und seine Arbeit ansehen würden, damit ich ihm sagte, wie er ein Lernender werden könnte, folgte ich ihm wie betäubt nach draußen. Ich hatte nicht die geringste Ahnung, wie ich ihm helfen könnte. Er zeigte mir seine Skulpturen in chronologischer Reihenfolge und wies mich auf den Zeitpunkt hin, an dem er seine Inspiration verloren hatte – an dem er aufgehört hatte, ein Lernender zu sein. Nachdem er fertig war, starrte er mich an und wiederholte seine Frage: «Sag mir, wie ich wieder lernen kann!»

In meinem Kopf wurde es völlig still, und ich hörte mich sagen: «Das ist doch einfach. Um ein Lernender zu sein, mußt du bereit sein, ein Narr zu sein.»

Er nickte nachdenklich und sagte: «Danke.» Wir wechselten noch einige Worte, dann stieg ich in mein Auto und fuhr den Berg hinunter.

Es sollten mehrere Jahre vergehen, bis ich die Möglichkeit in Erwägung zog, daß meine Antwort mehr war als nur eine dieser merkwürdigen, schnell vergessenen Episoden aus den Sechzigern. Doch schließlich kam eine Zeit, als sich Ideen aus anderen Bereichen um meinen so dahingesagten Rat rankten und mir klar wurde, daß zwischen dem Lernprozeß und der Bereitschaft, sich dem Spott anderer auszusetzen – dem Meister und dem Narr –, mehr als nur ein zufälliger Zusammenhang bestand. Um Mißverständnisse zu vermeiden: Mit «Narr» meine ich nicht einen dummen, gedankenlosen Menschen, sondern jemanden mit dem Geist eines mittelalterlichen Narren, eines Hofnarren, des sorglosen Narren aus dem Tarotspiel, der mit der gewaltigen Zahl Null in Verbindung steht, die die fruchtbare Leere symbolisiert, den Zustand des Nichts, aus dem heraus neue Dinge geboren werden können.

Das Thema der Leere als eine Voraussetzung für wahres Lernen taucht auch in der bekannten Geschichte von dem Gelehrten auf, der zu einem Zen-Meister kommt: Der hochmütige Gelehrte fragt, wie er noch weiser werden könnte. Der Meister gießt einfach Tee in die Tasse des Gelehrten und gießt auch dann noch weiter, als die Tasse längst überfließt. So läßt er ihn ohne Worte wissen, daß kein Raum für Neues da ist, wenn die Tasse schon voll ist. Auch stellt sich mir die Frage, warum junge Leute häufig schneller lernen als alte, warum meine Töchter zum Beispiel die neuen Tänze lernen konnten, während ich das nicht tat. Lag das daran, daß sie bereit waren, sich lächerlich zu machen, und ich nicht?

Oder denken Sie an ein 18 Monate altes Baby, das Sprechen lernt. Der Vater lehnt sich über das Kinderbett, in dem sein kleiner Sohn verschiedene unsinnige Laute von sich gibt. Aus diesem Geplapper hört der Vater die Silbe *pa* heraus. Und was geschieht? Der Vater lächelt, springt vor Freude auf und ab und ruft: «Hast du das gehört? Mein Sohn hat Papa gesagt.» Natürlich hat er nicht Papa gesagt. Aber nichts ist befriedigender für ein 18 Monate altes Baby, als einen Erwachsenen lächeln und vor Freude auf und ab springen zu sehen. In diesem Fall werden Behavioristen die Erkenntnis eines gesunden Menschenverstands bestätigen, nämlich daß die Wahrscheinlichkeit, daß das Baby die Silbe *pa* wiederholt, etwas gestiegen ist.

Der Vater ist weiterhin hocherfreut über das *pa,* aber nach einer Weile flaut seine Begeisterung ab. Schließlich sagt das Baby zufällig nicht nur *pa,* sondern *pa-pa*. Wieder wird der Vater fast verrückt vor Freude und erhöht dadurch die Wahrscheinlichkeit, daß sein Sohn wieder *pa-pa* sagen wird. Durch solche Verstärkungen und Annäherungen lernt das Kleinkind schließlich, *Papa* zu sagen. Wir sollten uns daran erinnern, daß es ihm auf dem Weg dorthin nicht nur erlaubt wurde, drauflos zu plappern, «Fehler» zu machen oder etwas ähnlich Klingendes zu sagen, kurz, sich wie ein Narr zu benehmen, sondern daß es darin auch noch unterstützt wurde.

Doch was wäre geschehen, wenn ihm diese Erlaubnis nicht erteilt worden wäre? Lassen Sie uns noch einmal die gleiche Szene betrachten. Der Vater beugt sich über das Kinderbett seines 18 Monate alten Sohnes. Aus dem Geplapper des Babys hört er die Silbe *pa* heraus. Diesmal schaut der Vater ihn streng an und sagt: «Nein, Sohn, das war falsch! Die korrekte Aussprache ist Pa-pa. Also sag es mir nach: Pa-pa, Pa-pa, Pa-pa!»

Was würde wohl geschehen? Wenn alle Erwachsenen so auf das Baby reagieren würden, wäre es sehr wahrscheinlich, daß es nie lernen würde zu sprechen. Auf jeden Fall würde es schwere Sprachschwierigkeiten und andere, psychische Probleme entwickeln.

Wenn Ihnen dieses Szenarium zu extrem erscheint, möchte ich Sie bitten, über die Dinge nachzudenken, die Sie nicht gelernt haben, weil Ihre Eltern oder Freunde, die Schule oder die Gesellschaft Ihnen nicht erlaubt haben, auf spielerische, freie und närrische Weise mit dem Lernprozeß umzugehen. Wie oft haben Sie etwas Neues nicht ausprobiert, weil Sie Angst hatten, daß man über Sie lachen könnte? Wie oft haben Sie Ihre Spontaneität unterdrückt, weil Sie sich fürchteten, für kindisch gehalten zu werden? Schade! Der Psychologe Abraham Maslow entdeckte kindliche Eigenschaften, eine «zweite Naivität» in Menschen, die einen ungewöhnlich hohen Anteil ihres Potentials verwirklicht haben. Ashleigh Montagu verwendete den Begriff Neotenie (abgeleitet von «neugeboren»), um Genies wie Mozart und Einstein zu beschreiben. Wir lächeln über das, was wir für die Verschrobenheit eines weltberühmten Genies halten, aber wenn unsere Freunde oder wir das gleiche tun, runzeln wir die Stirn. Dabei kommt es uns nicht in den Sinn, daß die Freiheit des Narren einer der Schlüssel zum Erfolg des Genies sein könnte – oder auch nur ein Hauptbestandteil bei etwas so Grundlegendem wie dem Erlernen der Sprache.

Als Jigoro Kano, der Begründer des Judo, recht alt war und bald sterben würde, versammelte er der Legende nach seine Schüler um sich und bat darum, mit seinem weißen Gürtel begraben zu werden. Zunächst hielt ich dies nur für eine ergreifende Geschichte, dachte, wie bescheiden es von dem hochrangigsten Judoka war, darum zu bitten, ihm das Symbol eines Anfängers zu verleihen. Aber dann wurde mir klar, daß seine Bitte weniger Bescheidenheit offenbarte als Realismus. Im Augenblick des Todes, der größten Transformation, tragen wir alle den weißen Gürtel. Und wenn der Tod einen Anfänger aus uns macht, so macht das auch das Leben – immer wieder. Der Meister sieht selbst in den Momenten der größten Berühmtheit und Vollkommenheit das Abbild des neuesten Schülers seiner Klasse in seinem geheimen Spiegel – hungrig nach Wissen und bereit, den Narren zu spielen.

Und für all diejenigen, die den Weg des Meisters gehen – unabhängig davon, wie weit sie bereits fortgeschritten sind –, bleibt Kanos Bitte eine ständige Frage, eine immer neue Herausforderung:

Sind Sie bereit, Ihren weißen Gürtel zu tragen?

Dank

Ich danke Phillip Moffitt, dem Herausgeber von *Esquire,* von ganzem Herzen für seine weisen Ratschläge, seine großzügige Unterstützung und sein leidenschaftliches und anhaltendes Engagement für dieses Buch. Er spricht mit der Autorität eines Menschen, der sich selbst auf dem Weg des Meisters befindet.

Viel verdanke ich meinen Aikido-Lehrern Frank Doran, Bill Witt und besonders Robert Nadeau, der mich dazu inspirierte, Übungen, die auf Aikido-Prinzipien beruhen, einem größeren Publikum vorzustellen. Richard Strozzi Heckler, Wendy Palmer und ich üben seit 18 Jahren gemeinsam Aikido, zunächst als Schüler, dann als Lehrer und Mitbesitzer von *Aikido of Tamalpais.* Aber wir sind mehr als nur Gefährten auf dem Weg der Kampfkünste, unsere Leben berühren sich auf vielerlei Weise. Annie Styron Leonard war wieder einmal eine liebevolle Kritikerin und scharfsinnige Lektorin.

Mein Dank gilt auch der meisterhaften Tennislehrerin Pat Blaskower, die mir die Einzelheiten im Prozeß der Meisterschaft im Tennis so anschaulich vermittelte (Kapitel 1). Ich danke ebenfalls Joe Flower, der einige der berühmtesten Persönlichkeiten im Sport zum Thema Meisterschaft interviewte. Wie immer bin ich Sterling Lord dankbar, einem unerschrockenen Pfadfinder seit 25 Jahren.

Ein ganz besonderes Dankeschön gilt John und Julia Poppy. John und ich sind seit 28 Jahren Kollegen – bei der Zeitschrift *Look,* bei *Esquire* und überhaupt in allen Dingen. Er hat Unschätzbares zu den Fitneß-Artikeln beigetragen und eine selten zu findende Intelligenz und Klarheit auch bei den schwierigsten Themen bewiesen. Das Licht, das meine Schwester Julia Poppy ist, hat meinen Weg ein Leben lang erhellt, und ihr Geist hat all das beeinflußt, was ich getan habe. Dieses Buch wäre ohne diese beiden Menschen nicht möglich gewesen.

Personen- und Sachregister